PAOLA MOLINARI

Lebe

statt zu funktionieren!

D1244654

**So nutzen Sie die Kraft
der Intuition**

INHALT

SO WECKEN SIE
IHRE INTUITION

INHALT

ERSCHAFFEN SIE SICH

INHALT

LEBEN SIE,

LEBEN SIE IHR LEBEN UND GENIESSEN SIE ES!

Sie funktionieren perfekt, sind gut in dem, was Sie tun, und erfüllen die Erwartungen anderer. Sie sind eine gute Mutter oder ein guter Vater, und in Ihrer Partnerschaft läuft alles rund. Sie sind beliebt, haben viele Freunde und einen tollen Job. Es läuft also eigentlich ganz gut – irgendwie. Und doch sind Sie nicht zufrieden. Oft fühlen Sie sich ausgebrannt, und es gibt wenig, was Sie wirklich berührt. Die Zeit ist immer zu knapp, und falls Sie nicht jedes Detail minutiös planen, würde kaum etwas funktionieren. Kurz: Eigentlich ist Ihnen alles zu viel. Es klappt zwar immer irgendwie, aber Sie sind nicht glücklich. Doch kann man daran etwas ändern? Wenn Sie sich so umschauen, sind Sie nicht mal sicher, ob diese Unzufriedenheit nicht vielleicht völlig normal ist.

Eines ist gewiss: Sie müssen sich nicht damit abfinden, denn Sie besitzen alles, was Sie brauchen, um Ihr Leben so zu gestalten, dass es Ihren Wünschen entspricht. In Ihrem Unterbewussten steckt ein enormes Potenzial, das Ihnen erlaubt, alles zu erreichen, was Sie sich vorgenommen haben! Bitte verstehen Sie mich nicht falsch. Ich behaupte nicht, dass Sie sich einfach vorstellen müssen, megaerfolgreich zu sein, und Sie werden Millionär. Hier geht es nicht um schneller, größer, höher, weiter. Es geht darum, dass Sie genau das finden und machen, was Sie am besten können. Was können Sie richtig gut? Was macht Ihnen wirklich Spaß? Was geht Ihnen leicht von der Hand und was würden Sie tun, wenn alles möglich wäre?

Geben Sie Ihrem Leben einen Sinn! Entwickeln Sie sich zu der Person, die Sie wirklich sind, und geben Sie sich die Chance, aus Ihren Stärken etwas zu machen.

Menschen, die ihrer inneren Stimme folgen, Bauchentscheidungen treffen und aus vollem Herzen tun, was sie am besten können, sind glücklich und empfinden das auch so. Sie haben Zeit und Raum für sich selbst, und die Menschen, die Ihnen am Herzen liegen, sprühen meist nur so vor Energie und sind sehr charismatisch.

Mit diesem Buch können Sie Ihre eigene Welt kreieren, die mit Sonne, Lachen und Intensität erfüllt ist, und sich selbst und andere verzaubern. Sie werden Ihre Kraftquelle entdecken und erfahren, wie Sie die eigenen Wünsche von fremden unterscheiden können. Sie lernen Ihrer inneren Stimme zu vertrauen und zu wissen, wann Ihr Bauch recht hat. Sie werden bewusst unterbewusste Fähigkeiten entdecken und diese einsetzen. Und Sie werden erkennen: Sie selbst sind das größte Geschenk Ihres Lebens!

Ihrer Intuition auf die Spur zu kommen und leben zu lernen, das hat nichts mit Zauberei zu tun: Sie müssen sich nur öffnen und bereit sein, sich zu verändern und zu wachsen, der Rest geht von allein.

Anhand zahlreicher Übungen werden Sie die Schatzkiste in Ihrem Innern spüren und erfahren, dass Ihr natürlicher Zustand Reichtum bedeutet. Entdecken Sie Ihre Talente, bewahren Sie sie vor dem Alltagsstress und lernen Sie die Talente der anderen wahrzunehmen. Außerdem bekommen Sie Werkzeuge an die Hand, mit denen Sie in Zukunft unangenehmen Stress spielerisch bewältigen können. Doch bevor Sie weiterlesen: Denken Sie über folgende Frage nach und schreiben Sie sich Ihre Antwort auf: »Wie sähe Ihre Welt aus, wenn Sie aufwachen würden und die Welt wäre genau so, wie Sie es sich immer gewünscht haben?«

Ihre

Entdecken Sie
Ihre innere Stimme

Hören Sie auch manchmal eine innere Stimme, die zu Ihnen spricht? Eine Stimme, die sagt: »Wieso hast du Ja gesagt, obwohl du das gar nicht wolltest?«, oder aber: »Nun mach schon, worauf wartest du noch?« Was ist das – oder wer? Wer hat recht? Die Stimme oder Sie? Ist die Stimme möglicherweise ein Teil von Ihnen? Die Antwort ist Ja! Diese innere Stimme ist ein Teil Ihres Unterbewussten, das Sie auf Ihr innerstes Selbst aufmerksam macht.

Entdecken Sie dieses große Geschenk, das Sie in sich tragen, und lernen Sie Ihre eigene innere Schatzkiste zu nutzen. Seien Sie offen für neue Impulse, die Sie sich selbst näherbringen werden, und entwickeln Sie Ihre Herzkraft, damit mehr Leben, mehr Lachen und mehr Leichtigkeit in Ihren Alltag kommen. Erkennen und entlarven Sie die Glaubenssätze und Sabotageprogramme, die Sie immer wieder zum Funktionieren bringen, durchbrechen Sie die Spirale der Fremdbestimmung und stärken Sie Ihren inneren Motivator – denn Motivation weckt Intuition und Leben!

DAS UNTERBEWUSSTE
BEWUSST WAHRNEHMEN

Machen Sie mal etwas ganz anders als sonst. Denn genau darum geht es in diesem Buch. Wenn Sie sich verhalten wie bisher, werden Sie weiter einfach nur funktionieren. Sie aber wollen leben, statt zu funktionieren – sonst hätten Sie sich dieses Buch nicht gekauft! Das Fantastische ist, dass Sie damit bereits unterbewusst etwas anders gemacht haben. Normalerweise ersteht man ein Buch, um etwas Neues zu erfahren. Sie aber haben sich ein Buch besorgt, in dem lauter Dinge stehen, die Sie eigentlich schon wissen: Denn Sie besitzen bereits Intuition, eine innere Stimme – Sie haben nur verlernt, sie zu hören und zu nutzen!

Ich zeige Ihnen, welche Potenziale in Ihrem Unterbewussten verborgen sind und wie Sie den Zugang zu Ihrer inneren Stimme finden. Fast wie von selbst werden sich dadurch neue Wege vor Ihnen auftun, die es Ihnen ermöglichen, Ihr Leben genussvoller zu gestalten. Im Zentrum stehen Sie als Mensch: Anhand zahlreicher Übungen werden Sie erfahren, wie Sie strukturiert sind, wie Sie »ticken« und wie Sie – aufgrund Ihrer ganz besonderen Fähigkeiten – Ihr Leben eigenverantwortlich gestalten können. An der ein oder anderen Stelle wird es Ihnen helfen, sich Notizen zu machen.

Das Unterbewusste?

Ihr Unterbewusstes verfügt über ein gewaltiges, bisher ungenutztes Potenzial, das Ihnen in Zukunft erlauben wird, das zu erreichen, was Sie sich vornehmen. Und Sie haben richtig gelesen. Ich sage ganz bewusst das *Unterbewusste.* Sie kennen sicher den Begriff des *Unterbewusstseins,* also die Summe allen unbewussten Verhaltens,

Funktionierens und aller Dinge, die wir Menschen bewusst nicht wahrnehmen können. In der Psychologie wird außerdem der Begriff des *Unbewussten* verwendet, der sich auf den Bereich der menschlichen Psyche bezieht, welcher dem Bewusstsein nicht direkt zugänglich ist und tief in unserer Psyche verborgen liegt. Ich werde mit Ihnen jedoch die Prozesse und die Strukturen berühren, die dazwischenliegen – in Ihrem *Unterbewussten*. Prozesse, die Sie dazu bringen, täglich Dinge zu machen, die Ihnen guttun oder aber Sie schwächen. Sie werden lernen, das, was Sie stärkt, zu verstärken und das, was Sie blockiert, in Lebensenergie (Herzkraft, eigene Stärken, eigene Wege, Selbstbewusstsein) umzuwandeln.

Warum wir unsere Intuition kaum nutzen

Wenn ich zu Beginn meiner Seminare mit den Teilnehmern über Veränderung spreche, stellt sich bald heraus, dass viele sich wünschen, schneller zu sein und weiterzukommen. Sie glauben, dass ihr Leben dadurch besser wird. Dabei geht es im Leben doch darum, mehr (Lebens-)Qualität zu schaffen. Wenn Sie also aufhören wollen, nur zu funktionieren, müssen Sie einen Paradigmenwechsel vornehmen *(siehe ab Seite 134)*, das heißt, die Qualität Ihres Seins so verändern, dass ein »Mehr-Wert« für Sie und Ihr Umfeld entsteht. Was mit Mehr-Wert gemeint ist? Sie werden innerlich reicher werden! Dadurch, dass Sie in sich ruhen und in Ihrer Mitte sind, werden Sie ein Vorbild für andere. Und: Wer reich ist, kann großzügig sein – so werden auch andere von Ihrem Glück profitieren.

Bequemlichkeit und der Wunsch zu gefallen, aber auch Gewohnheit und Glaubenssätze hindern viele Menschen daran, ihrer Intuition zu folgen – nach dem Motto: »So geht das nicht!« *(siehe Seite 44–50)*. Dadurch funktionieren sie zwar und entsprechen den Erwartungen anderer, sind aber blockiert: Es wird ihnen nicht gelingen, aus vollem Herzen zu leben.

Dinge bewusst wahrzunehmen, ist eine der Voraussetzungen, damit Sie Ihr Leben selbst aktiv gestalten können. Ein noch viel größeres Potenzial liegt aber in Ihrem Unterbewussten. Unterbewusste psychische Prozesse finden permanent und in jedem von uns statt. Den meisten Menschen ist dies aber nicht klar, und kaum jemand weiß, wie sie funktionieren. Sie dagegen können lernen, sich Ihr Unterbewusstes bewusst zu machen! Damit halten Sie den Schlüssel zu Ihrem verborgenen Schatz in Händen, der nur darauf wartet, entdeckt zu werden.

DIE SPITZE DES EISBERGS

Hätten Sie gedacht, dass Sie unterbewusst viel mehr wahrnehmen können als bewusst? Wenn Sie zum Beispiel in einem fremden Land sind, bleiben oft viele Vokabeln hängen, selbst wenn Sie sich mit der Sprache nicht beschäftigt haben. Kinder sind ein Paradebeispiel für diese Effekte. Sie wiederholen Dinge, die wir Erwachsenen nur in einem Nebensatz erwähnt haben. Wir erfassen und verarbeiten also unterbewusst eine ganze Menge mehr an Informationen, als uns bewusst wird. Tor Noerretranders beschreibt in seinem Buch *Spüre die Welt*, dass der Mensch pro Sekunde eine Datenmenge von maximal 40 Bits bewusst erfassen kann – und das auch nur, wenn all seine Wahrnehmungssysteme aktiv sind. In der gleichen Sekunde hat jedoch die unterbewusste Wahrnehmung schon eine Datenmenge von 11 Millionen Bits verarbeitet.

Mit anderen Worten: In der Sekunde, in der Sie einen Raum betreten, in dem eine Party steigt, registriert Ihr Unterbewusstes unendlich viel mehr, als Sie mit Ihren Augen sehen und mit Ihren Ohren hören. Innerhalb von Sekunden entsteht dadurch bei Ihnen ein Gefühl. Während Sie durch die Tür gehen, gleicht Ihr Gehirn die Szenerie sofort mit allem ab, was für Sie wichtig ist und was Sie bisher an ähnlichen Situationen erlebt haben – auf allen Ebenen. Überprüft wird beispielsweise, ob das, was Sie registrieren, zu Ihren Werten *(siehe Seite 140–144)* passt, also zu Ihrem Begriff von Lebensqualität und zu Ihren Visionen *(siehe Seite 145–149)*. Dabei wird das Geschehen auch mit Ihren Erfahrungen und Ihren Glaubenssystemen abgeglichen, die aus Ihren Erfahrungen entstanden sind *(siehe Seite 45–49)*. Gleichzeitig findet – noch unterbewusst – eine Bewertung statt, etwa ob die Sache gut, neutral oder schlecht ist. All dies geschieht, bevor Ihnen bewusst Gedanken durch den Kopf gehen. Es kann sein, dass Sie sogar Ihre innere Stimme »hören«. Auf jeden Fall werden Sie das Gefühl wahrnehmen, das sie Ihnen vermittelt. Allerdings befindet sich in Ihrem »Bewusstsein« nur die Spitze des Eisbergs *(siehe Grafik rechts)*. Aufgrund dieser winzigen Spitze treffen wir nahezu all unsere Entscheidungen. Und genau hier liegt das Problem: Nutzen Sie lediglich die Spitze des Eisbergs, beginnen Sie automatisch »nur« zu funktionieren! Wenn Sie aber lernen, Ihrer Intuition zu folgen, die sich im großen Rest des Eisbergs verbirgt, dann werden Sie in vollen Zügen leben.

Das Eisbergprinzip

Wenn wir mit anderen Menschen zu tun haben, dann reagieren wir meistens auf deren Verhalten. Und auch wenn wir uns verändern wollen oder uns von anderen wünschen, dass sie sich ändern mögen, dann meinen wir häufig das Verhalten. Dabei ist das Verhalten nur das Sichtbare, quasi die Spitze des Eisbergs, in diesem ganzen

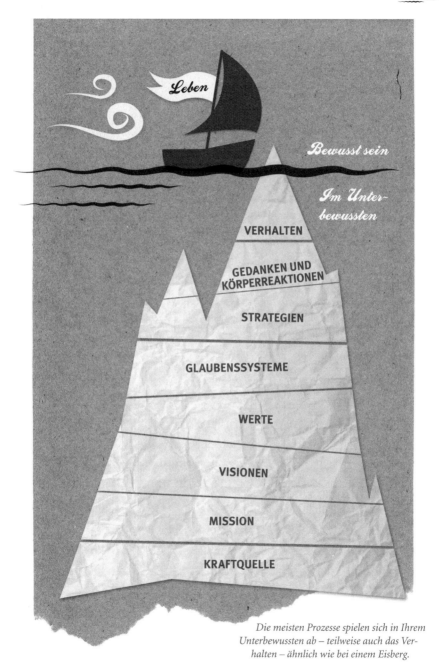

Die meisten Prozesse spielen sich in Ihrem Unterbewussten ab – teilweise auch das Verhalten – ähnlich wie bei einem Eisberg.

15

Spiel – und das Letzte, was sich verändern kann. Denn alles, was wir tun, wird in unserem Unterbewussten gesteuert.

Wenn Sie die Grafik auf Seite 15 betrachten, wird Ihnen schnell klar: Das Verhalten ist nur die Spitze des Eisbergs, eigentlich formt es sich schon viel tiefer. Alles fußt auf Ihren Ressourcen (etwa Ihre Stärken) und Ihrer Kraftquelle *(siehe Seite 62–63 und 151–157)*. Wenn Sie mit dieser Kraftquelle in Verbindung stehen, leben Sie aus ganzem Herzen. Aus der Kraftquelle und den Stärken, die Sie in sich tragen, ergibt sich Ihre Mission – der Sinn, den Sie Ihrem Leben geben. Oder anders ausgedrückt: der Grund, weshalb Sie Ihr Leben so gestalten, wie Sie es tun *(siehe Seite 140–141)*. Aus Ihrer Mission wiederum formen sich Ihre Visionen. Bill Gates hatte die Mission, dass jeder Mensch jederzeit von jedem Ort der Welt aus Zugang zu allen Informationen haben sollte. Daraufhin entwickelte er die Vision, dass jeder Haushalt einen Computer braucht. Das machte es ihm möglich, seiner Mission näher zu kommen: Wenn Ihre Visionen kraftvoll sind, dann leben Sie Ihre Werte – dann suchen Sie sich den Beruf, in dem Sie arbeiten, und die Partner, mit denen Sie zusammenleben möchten, nach den Werten aus, die Sie in sich tragen *(mehr dazu ab Seite 142)*. Ihre Glaubenssysteme haben großen Einfluss auf die Art und Weise, wie Sie Ihre Werte leben *(mehr dazu ab Seite 44)*, und sind außerdem ausschlaggebend für die Strategien, die Sie verfolgen. All das formt Ihre Gedanken und Ihre innere Vorstellungskraft. Das heißt, Sie werden vor dem inneren Auge Bilder haben, Projektion Ihrer Mission und Ihrer Vision. Durch Ihre innere Stimme werden Sie inspiriert. Durch das, was Sie spüren, und durch die Synergie dieser Zusammenarbeit entsteht Intuition.

Menschen, die intuitiv handeln, haben gelernt, den in ihrem Unterbewussten verborgenen Teil des Eisbergs zu spüren und zu nutzen. Diese Menschen leben!

DAS STREBEN NACH PERFEKTION VERHINDERT, DASS SIE LEBEN

Die meisten von uns haben gelernt, nach Perfektion zu streben. Aber warum kommt Weihnachten immer wieder Hektik auf, wo doch jedes Jahr am 24. Dezember Bescherung ist? Warum wollen Sie vor dem Urlaub unbedingt alles erledigen, obwohl viele Dinge auch nach den Ferien gemacht werden könnten? Warum naschen Sie immer wieder Süßigkeiten und Fast Food, obgleich Sie ganz genau wissen, was gesünder ist?

Wenn wir eine schlechte Gewohnheit ablegen wollen, dann nehmen wir uns das für gewöhnlich einfach vor – und scheitern. Manchmal habe ich das Gefühl, dass genau diese hochgesteckten Ziele dafür verantwortlich sind, dass wir eingefahrene Wege weitergehen und einfach funktionieren. Und genau dieses Funktionieren kostet uns so viel Kraft, weil es nicht unserem eigenen Selbst entspricht. Dieser Kampf gegen uns selbst kann im schlimmsten Fall zum Burn-out führen.

Auch in meine Kurse kommen Menschen, die kopfgesteuert sind und sich vorgenommen haben, dass alles »perfekt« werden soll. Aber: Durch das Streben nach Perfektion verliert man Kraft – auf Kosten von Lebensfreude, Zeit und Genuss. Kein Wunder, dass die Weihnachtstage zum Stress werden, Sie den Urlaub brauchen, um sich von den Urlaubsvorbereitungen zu erholen, und Sie Naschen nicht mehr als Genuss empfinden, solange der Kopf Sie dominiert.

Psyche und Physis beeinflussen das Verhalten

Verhalten ist nichts weiter als das Ergebnis von psychischen Prozessen, die in Ihrem Inneren ablaufen, denn Ihr Verhalten

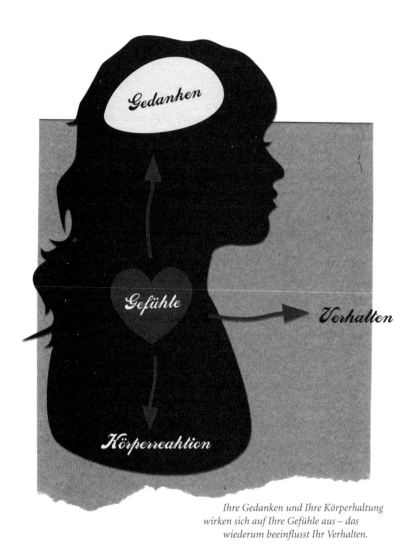

Ihre Gedanken und Ihre Körperhaltung wirken sich auf Ihre Gefühle aus – das wiederum beeinflusst Ihr Verhalten.

wird maßgeblich von Ihren Gefühlen bestimmt *(siehe Grafik)*. Je nachdem, ob Sie positive oder negative Gefühle haben, werden Sie sich eher wohlwollend oder eher ablehnend verhalten. Sind Sie mit sich und Ihrem Leben zufrieden, werden Sie wahrscheinlich eine großzügige Haltung nach außen einnehmen. Haben Sie das

Gefühl, dass das Leben nicht fair zu Ihnen ist, werden Sie vielleicht zurückhaltend oder sogar aggressiv handeln.

Die Macht der Gedanken

Ihre Gefühle werden von Ihren Gedanken mitbestimmt. Gleichzeitig hat Ihr körperliches Befinden ebenfalls eine nicht unbedeutende Wirkung auf Ihre Gedanken. Das kennen Sie sicher: Sind Sie verliebt, werden Sie großzügig, und alles scheint Ihnen perfekt! Sie kommen mit ganz wenig Schlaf aus, brauchen kaum etwas zu essen, Sie strahlen und sehen aus, als ob Sie gerade im Urlaub gewesen wären. Ganz anders verhält es sich, wenn Sie kurz vor einer Trennung stehen. Und genau das ist der Punkt! Wenn Sie ein neues Verhalten entwickeln wollen, können Sie etwas an Ihrem Denken verändern oder auch erst mal nur Ihre Körperhaltung *(siehe Übung Seite 22)*. Doch die größte Nachhaltigkeit haben Veränderungen, die von innen kommen und die Harmonie zwischen Geist, Körper und Gefühlen schaffen.

Ihr Körper reagiert

Ihr Körper antwortet sofort auf das, was Sie denken – mit der dazu passenden Körperhaltung. Schauen Sie sich einmal auf der Straße um! Mit etwas Übung werden Sie erkennen, was die Menschen in Ihrer Umgebung fühlen. Natürlich wissen Sie nie, was eine Person denkt, doch die Körpersprache *(siehe Seite 88–96)* verrät viel über das Empfinden. Auch Ihr Körper reagiert sofort auf Unbehagen, allerdings haben die meisten von uns verlernt, dem eine Bedeutung beizumessen. Wir reagieren auf unseren Körper erst, wenn er sich massiv meldet, wenn wir seine Signale nicht mehr ignorieren können. Ihre Gedanken beeinflussen Ihre Haltung und sorgen so dafür, dass Sie Gefühle entwickeln, die Sie spüren können.

Lassen Sie sich auf das Leben ein

An dieser Stelle möchte ich Ihnen den Schlüssel zu Ihrem neuen
Leben zeigen: Sie bekommen Kraft, indem Sie sich über Wachstum,
Bewegung und Fortschritt freuen! Lernen Sie zu genießen, was Sie
bereits erreicht haben. Es ist schon eine ganze Menge! Glück macht
gesund, und Sie brauchen Glück, um aus vollem Herzen zu leben.
Es gibt nichts, was perfekt ist. Das Leben ist ein Fluss, der sich
immer wieder verändert und immer weiterfließt – es sei denn, Sie
bauen einen Staudamm und blockieren Ihren Lebensfluss. Ob der
Fluss fließt oder blockiert ist, haben Sie in der Hand.

Intuition, Bauchgefühl & Co.

Die Worte Bauchgefühl, Intuition und Unterbewusstes werden
oft missverstanden. Je nachdem in welchem Zusammenhang sie
gebraucht werden, können sie ganz unterschiedliche Gefühle hervorrufen, die von Ablehnung über Ratlosigkeit bis hin zu Bewunderung reichen. Ich möchte es hier für Sie so definieren: Intuition
ist die Handlung, die aus der Erfahrung des Unterbewussten in die
Tat umgesetzt wird. Intuition ist spontan und schnell und wird von
Emotion, sprich Bauchgefühl, geleitet. Intuition funktioniert am
besten, wenn Sie positiv gestimmt sind – also ausgeglichen, optimistisch, neugierig, aufgeschlossen – und Kraft haben.

Sobald Sie sich in einem Entscheidungsprozess befinden, ist
Ihre Intuition aktiv. Allerdings nur solange Sie sich mit der Entscheidung auseinandersetzen. Ist das nicht der Fall, entsteht tief
in Ihrem Inneren ein »JA«, das Sie zu einer Gewohnheit, einem
Automatismus führt – und Sie fangen an sich zu fragen, ob Sie
funktionieren! Oder anders gesagt: Intuition funktioniert, wenn
Sie offen und neugierig sind. Intuition hört auf, wenn Sie bereits

Handlungsmuster für eine Situation haben. Solange Sie bereit sind, etwas infrage zu stellen – oder nur zu überdenken –, arbeitet Ihre Intuition aktiv mit.

Doch was geschieht beispielsweise, wenn Sie eine Beziehung eingehen? Sie entscheiden sich für jemanden, weil Ihnen das, was Sie in dieser Person sehen, gefällt und weil Sie sich wünschen, dass das immer so bleibt. Deshalb versäumen Sie von Zeit zu Zeit zu überprüfen, ob Ihr Verhalten, Ihre Gewohnheiten, Ihre Erwartungen in Bezug auf den Partner auch noch passen. Sie gehen zum Beispiel davon aus, dass sich Ihr Partner in bestimmten Situationen immer gleich verhält, dass er seine Gewohnheiten nicht ändert. Veränderungen werden – übrigens nicht nur in Beziehungen – oft als Affront empfunden. Sie merken schon: Auf diese Weise schleichen sich Gewohnheiten und Automatismen in unsere privaten und beruflichen Beziehungen ein. Oft sind diese Automatismen nützlich, häufig hindern Sie uns aber auch daran, unserem Leben eine neue Richtung zu geben oder einfach etwas ins Positive zu verändern.

Überprüfen Sie Ihre Gewohnheiten

Nehmen Sie einen Stift und ein Blatt Papier zur Hand und gehen Sie die letzten Tage in Gedanken durch. Schreiben Sie die nützlichen Gewohnheiten auf die linke und die Gewohnheiten, die Sie gerne ablegen möchten, auf die rechte Seite. Sie können die Liste immer wieder aktualisieren. Sie werden staunen, wie viel sich allein dadurch verändert, dass Sie es sich bewusst gemacht haben.

☆ Welche Ihrer Gewohnheiten waren für Sie nützlich?

☆ Welche Ihrer Gewohnheiten wären eine Veränderung wert?

IHRE HALTUNG BEEINFLUSST
IHRE GEFÜHLE

Zur Erinnerung: Ihre Gefühle werden einerseits durch Ihre Gedanken beeinflusst, andererseits aber auch durch Ihre Körperhaltung. Probieren Sie es aus:

1. Stehen Sie aufrecht und stellen Sie sich vor, wie es ist, frisch verliebt zu sein, oder wie schön Ihr letzter Sommerurlaub war. Spüren Sie diesem positiven Gefühl in Ihrem Körper nach und lassen Sie es lebendig werden. Richten Sie nun Ihre Augen zu Boden, senken Sie Ihren Kopf und lassen Sie Schultern und Arme hängen. Versuchen Sie anschließend das Gefühl des Verliebtseins oder des totalen Glücks stärker werden zu lassen. Geht es? Fühlen Sie, wie sich dieses positive Gefühl in Ihnen ausbreitet? Natürlich nicht: Weil Ihre Körperhaltung zu dem Gefühl nicht passt!

2. Jetzt probieren Sie es andersherum: Stellen Sie sich nun eine unangenehme Situation vor, etwa Stress, weil Sie schon wieder zu spät zu einem Termin kommen. Spüren Sie dieses Gefühl und lassen Sie es intensiver werden. Strecken Sie nun beide Arme in die Höhe, schauen Sie zur Decke und atmen Sie tief ein. Spüren Sie jetzt eine gewisse Leichtigkeit? Schon fühlt man sich nicht mehr so niedergedrückt. Sie merken an dieser Stelle etwas Wunderbares: Wenn Sie in einer unangenehmen Situation bewusst eine positive/optimistische Körperhaltung einnehmen, fühlen Sie sich auch entsprechend.

3. Machen Sie diese Übung immer dann, wenn Sie merken, dass schlechte Stimmung im Anmarsch ist. Wenn Sie schlecht gelaunt sind, sich niedergeschlagen fühlen oder angesichts Ihres Spiegelbildes wahrnehmen, dass Sie eine gebeugte Körperhaltung haben, können Sie das mithilfe dieser Übung ruck, zuck ändern. Bringen Sie sich mittels Ihrer Gedanken in einen positiveren inneren Zustand. Sie gewinnen dadurch enorm an Kraft für den Alltag und werden stressigen Situationen künftig mit einer positiven inneren Haltung begegnen.

Wie ist nun aber Veränderung möglich? Die Übung auf Seite 22 zeigt die Wechselwirkung zwischen Körperhaltung und Gefühlen. Versuchen Sie es, und Sie werden sofort verstehen, was gemeint ist.

Fühlen Sie sich ein

Nachdem Sie selbst bewusst wahrgenommen haben, wie Ihre Haltung Ihre Gefühle beeinflusst *(siehe Übung Seite 22)*, können Sie sicherlich nachvollziehen, wie es zum Beispiel Teenagern geht, die mit gebeugten Schultern und gesenktem Blick in die Schule schlurfen. Nein? Nehmen Sie diese Körperhaltung doch einmal selbst ein und fühlen Sie, was diese Stellung bei Ihnen auslöst. Verstehen Sie jetzt, warum es zwecklos ist, mit einem Menschen zu diskutieren, der so dasteht? Er kann gar nicht wahrnehmen, was Sie ihm sagen wollen. Empathie ist keine Zauberei. Wenn es Ihnen zunächst schwerfällt, sich in einen anderen Menschen hineinzuversetzen, versuchen Sie Folgendes: Spiegeln Sie die betreffende Person. Nehmen Sie zum Beispiel ihre Körperhaltung ein und versetzen Sie sich in ihre Situation. Wie fühlt sich das an und wie fühlen Sie sich? Durch diese verblüffend einfache Übung können Sie sehr leicht wahrnehmen, wie es dem anderen geht, und gleichzeitig entsteht mithilfe dieser Übung ein Gefühl von Verbundenheit.

Genau dasselbe passiert zwischen verliebten Menschen. Sie greifen im selben Moment zum Glas, denken häufig zur gleichen Zeit dasselbe, wodurch sie nicht selten genau das Gleiche im gleichen Moment sagen. Es ist schön und einfach, sich in jemanden hineinzuversetzen, wenn es dem anderen gut geht. Wenn es Ihrem Gesprächspartner schlecht geht, haben Sie die Möglichkeit, kurz in ihn hineinzuspüren, um zu wissen, wie er sich fühlt. Wenn Sie bemerken, dass sich in Ihnen ein unangenehmes Gefühl ausbreitet, ändern Sie einfach wieder Ihre Körperhaltung.

DAS VERLANGEN
NACH INTENSIVEN GEFÜHLEN

Wir Menschen streben nach Intensität. Und weil wir Freude, Erfolg oder Liebe als ausgesprochen positiv wahrnehmen, ist unser Verlangen nach diesen Gefühlen besonders ausgeprägt. Wenn wir allerdings Intensität im Positiven nicht finden, dann sorgen wir auch schon mal für unangenehme Situationen, um uns zu spüren. Dazu gehört etwa Zeitdruck, den wir selbst erzeugen, indem wir uns viel zu viel vornehmen oder eine Aufgabe zu lange aufschieben.

Intensität kennt keine Wertung. Ob positiv, ob negativ: Sie ist vorhanden oder nicht. Was Sie aber beeinflussen können, ist die Dauer des intensiven Gefühls. Das heißt, Sie können lernen, Glücksgefühle länger auszukosten und aus einer negativen Phase schneller herauszufinden *(siehe auch Seite 85)*. Andererseits gilt aber auch: Wer intensive Glücksgefühle erleben will, muss bei den negativen Gefühlen dieselbe Intensität in Kauf nehmen.

Die Krise – eine intensive Situation

Nicht immer hält das Leben positive Aspekte bereit. Manchmal geraten wir in Konflikte, aus denen es scheinbar keinen Ausweg gibt. Unsere Gedanken drehen sich im Kreis, und wir versuchen uns mit aller Macht gegen dieses Gedankenkarussell zu wehren. Häufig folgt schließlich eine Phase des Stillstands oder wilder Aktionismus – in beiden Fällen ist der Zugang zu Ihrer Intuition blockiert.

Akzeptieren Sie Krisen als Chance
Sie können diesen Zugang jedoch öffnen, indem Sie eine Krise als Chance begreifen: Überprüfen Sie dazu Ihre Gewohnheiten in

Krisensituationen und manchen Sie sich Gedanken darüber, welche Ihrer Handlungsmuster Sie weiterbringen und welche nicht.

Das Bauchgefühl

All Ihre Gefühle übertragen sich auch auf Ihren Körper und haben Einfluss auf ihn *(siehe Seite 20–23)*. Wie sich das anfühlt, können Sie zum Beispiel mit der Übung »Intuitionsdetektor« auf dieser Seite testen. Mit der Übung lässt sich außerdem ganz schnell überprüfen, was Ihnen guttut und was nicht. Menschen, die ein gutes Körpergefühl besitzen, spüren Gefühle bereits körperlich, bevor diese überhaupt in ihrem Bewusstsein angekommen sind. Das ist das sogenannte Bauchgefühl. Doch wie entsteht es? Und wie können wir lernen, es rational zu verarbeiten?

DER INTUITIONS-DETEKTOR

Die Reaktionen Ihres Körpers sind Antworten aus Ihrem Unterbewussten. Lernen Sie, wie Ihr Unterbewusstes auf Ihre Gedanken oder neuen Vorhaben reagiert – auf diese Weise können Sie Ihre Intuition schulen (siehe Kapitel 2).

☆ Stellen Sie sich gerade hin, die Knie leicht gebeugt, und denken Sie an etwas Schönes, zum Beispiel das Lachen eines Kindes. In welche Richtung bewegt sich Ihr Körper?

☆ Denken Sie nun an eine Situation, die Ihnen äußerst unangenehm ist (Streit, Stau, Zeitdruck). Jetzt bewegt sich Ihr Körper in eine andere Richtung, nicht wahr?

Wenn Sie etwas Unangenehmes denken, verursacht das Stress. Und wenn Sie Stress haben, reagiert Ihr Körper immer wieder auf die gleiche Weise.

Der menschliche Körper ist durchzogen von Meridianen. Damit sind jene Linien gemeint, die Sie vielleicht schon aus der Akupressur oder dem Shiatsu kennen. Die Meridiane stehen in Verbindung mit unseren Gefühlen, gleichzeitig sind sie gekoppelt an entsprechende Muskeln im Körper. Ihre Erfahrungen sind also nicht nur in Ihrem Gehirn gespeichert, sondern auch in Ihrem Körper. Mit anderen Worten: Immer wenn Sie sich bewegen und auf ein Ziel zugehen, bewegen Sie nicht nur Ihren Körper, sondern auch alle Erfahrungen, die Sie im Lauf Ihres Lebens gemacht haben – von Ihrer Zeugung bis zum heutigen Tag –, und zwar unterbewusst. Haben Sie eine positive Assoziation mit einem Ziel, dann sind Ihre Meridiane im Gleichgewicht. Sind die Assoziationen aber negativ, dann entstehen Blockaden auf unterbewusster Ebene: Ihre Emotionen können nicht fließen, was sich wiederum auf Ihre Muskulatur auswirkt. Die Reaktion auf körperlicher Ebene erleben Sie ganz unmittelbar *(siehe Übung Seite 25)*. Ihr Körper gibt Ihnen sofort ein Signal – lange bevor Ihr Bauch anfängt, Gefühle zu melden, und Sie es bewusst registrieren können.

Wenn der Kopf in der Krise nicht weiterhilft

Um komplexe Aufgaben zu bewältigen, sind wir auf die Vernetzung unserer beiden Gehirnhälften angewiesen. Die rechte Hälfte gibt Impulse und entwickelt neue Ideen – hier findet also der kreative Umgang mit Problemen statt. In der linken Gehirnhälfte werden die neuen Impulse logisch verarbeitet. Wenn der Austausch zwischen beiden Gehirnhälften reibungslos läuft, haben Sie gute Chancen, alle bestehenden Herausforderungen zu meistern.

Doch leider hilft uns der Verstand allein nicht immer weiter. Manchmal stehen Sie vor einem Problem, und im Kopf ist nichts als Nebel: Sie können keinen klaren Gedanken fassen, vom Entwickeln einer Lösung ganz zu schweigen. Der Fluss Ihrer Gedanken ist blockiert – Sie sind blockiert! Häufig tun Sie dann dasselbe, was Sie schon immer in solchen Situationen getan haben – und wiederholen diese Erfahrung somit wieder und wieder: Ein Verhaltensmuster wird zementiert!

WARUM ROUTINIERTES HANDELN NICHT IMMER GUT IST

Spätestens wenn Sie merken, dass sich Ihr Verhalten in bestimmten Situationen wiederholt, aber nicht zu einem befriedigenden Ergebnis führt, ist es Zeit zu handeln. Sie können eingefahrene Verhaltensmuster ändern, indem Sie lernen, Ihre Intuition bewusst zu aktivieren *(siehe Seite 62–63).*

Denken Sie zum Beispiel einmal darüber nach, wie Ihr Tag beginnt: Sie wecken die Kinder und den Partner, bereiten das Frühstück und machen sich selbst fertig – nebenbei organisieren Sie noch das eine oder andere, während Ihnen durch den Kopf geht, was Sie sonst noch alles erledigen müssen. All dies passiert nahezu automatisch, während Sie alltägliche Aufgaben verrichten und Ihre gewohnte Routine abspulen. Diese Routine hat viele Vorteile – aber auch Nachteile.

Routine und Rituale geben Sicherheit

Routine gibt Sicherheit und ist in manchen Situationen ausgesprochen wichtig. Kinder erleben durch Rituale das Gefühl von Ruhe und Geborgenheit. Deshalb helfen diese auch so wunderbar beim Einschlafen. Fällt das gewohnte Begrüßungsritual aus, wenn Sie nach Hause kommen, dann können Sie ziemlich sicher sein, dass irgendwas mit Ihrem Partner oder Ihren Kindern nicht stimmt. Im Straßenverkehr verlassen Sie sich auf die Routine, dass Sie bei Grün die Straße überqueren können und bei Rot warten müssen. Sie fühlen sich sicher, weil Sie darauf vertrauen können, dass alle anderen Verkehrsteilnehmer sich ebenfalls an diese Regeln halten.

Überholte Routine aufbrechen

Manchmal verhindert Routine aber auch, dass Sie Ihr Verhalten in bestimmten Situationen ändern, obwohl es nicht mehr angebracht ist und dazu führt, dass Sie sich unwohl fühlen. Vielleicht haben Sie sogar schon mal ganz bewusst versucht, solche Automatismen zu durchbrechen, und dabei bemerkt, dass das gar nicht so leicht ist. Denn gewohnte Handlungen sind stärker als alles, was neu eingeübt wird. Vielleicht kennen Sie folgende Situation? Es hat sich eingebürgert, dass Sie jeden Samstagnachmittag mit Ihren Eltern telefonieren – weil Sie das seit Ihrer Studienzeit so machen. Doch eigentlich würden Sie sich viel lieber spontan bei ihnen melden und nicht dann, wenn es von Ihnen erwartet wird.

Solange Sie davon überzeugt sind, dass Sie in einer bestimmten Situation so handeln müssen, wie Sie es tun, können Sie nichts verändern. Sie müssen also zunächst die Notwendigkeit oder den Wunsch für eine Verhaltensänderung in sich spüren und anerkennen. Erst dann können Sie die ersten Schritte in Richtung Veränderung unternehmen *(siehe Seite 60–63)*. Diese Schritte werden Bewegung in Ihr Leben bringen, auch wenn sie nicht immer sofort zum Ziel führen oder effizient sein werden – aber sie sind wichtig. Sie wissen ja bereits: Es geht im Leben nicht um Perfektion, sondern um Wachstum.

Seien Sie neugierig und vertrauen Sie Ihrer Intuition

Wenn Sie an eine Aufgabe einfach mal unbefangen herangehen oder in einer Situation einmal anders handeln, als Sie das üblicherweise tun, werden Sie automatisch aufmerksamer sein und bewusster wahrnehmen, was geschieht. Diese Aufmerksamkeit beziehungsweise dieses Bewusstsein ist ein Geschenk! Ein Geschenk, das Sie immer bekommen, wenn Sie gewohnte Fahrwasser verlassen. Darauf können Sie vertrauen! Sobald Sie sich entschieden haben, etwas Neues auszuprobieren, werden Ihre neue Offenheit und Ihre neu gewonnene Perspektive Sie zum richtigen Zeitpunkt auf die richtigen Ideen, Menschen und Gelegenheiten stoßen lassen. Ihre Neugier auf das, was kommt und wie es sich entwickeln wird, ist genau der richtige »Dünger«, um Ihre Intuition zu entwickeln.

KOPF UND BAUCH
ALS PARTNER ERKENNEN

Aufgrund ihrer individuellen Struktur und ihrer Muster *(siehe Seite 108–121)* unterscheide ich Menschen, die Kopf und Logik stärker einsetzen, um Entscheidungen zu treffen und Probleme zu lösen, und Menschen, die sich eher vom Bauch und ihren Gefühlen leiten lassen.

Erstere wirken sehr professionell, weil sie sachlich, strategisch klug, manchmal kühn und immer distanziert agieren. Sie übernehmen gerne Verantwortung und scheinen alles im Griff zu haben und jedes Problem lösen zu können. Manchmal entsteht der Eindruck, diese stark kopfgesteuerten Menschen seien emotionslos. Im Gegensatz dazu wirken Menschen, die sich stärker von ihren Gefühlen leiten lassen, manchmal kopflos und handeln scheinbar wenig vorausschauend. Sie sprechen offen darüber, wie es ihnen geht, sind sehr auf ihre innerere Harmonie bedacht, erkundigen sich aber trotzdem bei ihren Mitmenschen nach deren Wohlbefinden, um sich zu vergewissern, was los ist. Ihre Entscheidungen treffen sie häufig allein aufgrund ihres Bauchgefühls. Es fällt ihnen meist schwer, die Verantwortung für ihr Tun zu übernehmen – da verweisen sie lieber auf spirituelle Erklärungen. Manchmal hat man den Eindruck, als ob diese Menschen zwischendurch in anderen Sphären schweben.

Und Sie? Gehören Sie eher zu den Kopf- oder zu den Bauchmenschen? Die große Frage ist: Was hindert uns daran, Kopf und Bauch zusammenzubringen? Dann wäre unser Leben doch reicher!

Verpflichtungen überprüfen

Stellen Sie sich vor, Sie könnten Ihre Ideen (Kopf und Geist) und Ihre Gefühle zur Übereinstimmung bringen. Sie wären unschlagbar und einfach glücklich! Wenn Kopf und Bauch sich in der Mitte begegnen, treffen sie sich im Herzen *(siehe Seite 32–34)*. Menschen, die tun, was sie sich von Herzen wünschen, sind erfüllt und ausgeglichen. Sie ruhen in sich und sind rundum zufrieden. Jetzt werden Sie sagen: »Stimmt schon, aber ich habe auch noch Verpflichtungen.« Da haben Sie natürlich recht. Jeder von uns hat Pflichten, die er nicht ignorieren kann. Um die geht es hier aber nicht.

Häufig bilden wir uns nur ein, dass die Dinge auf eine ganz bestimmte Weise laufen müssen, und sind enttäuscht, wenn es nicht so ist. Zum Beispiel im Beziehungsalltag. Denken Sie nur daran, was passiert, wenn Sie nicht das machen, was Ihr Partner von Ihnen erwartet (Pflicht!) – oder umgekehrt. Da hängt dann schon mal der Haussegen schief. Dahinter verbirgt sich aber meist ein ganz anderes Problem: Wer selbst nicht in der Lage ist, seine

PERFEKTE ARBEITSTEILUNG
ZWISCHEN KOPF UND BAUCH

Es ist zum Beispiel Ihr Bauch, der Ihnen ein gutes Gefühl gibt, wenn Sie die ersten Schritte in eine neue und richtige Richtung gehen. Sie merken, es geht nicht um ein Entweder-oder. Sie brauchen beide – Kopf und Bauch!

Ihr Kopf ist wichtig, um ...	Ihr Bauch ist wichtig, um ...
O ... klare Entscheidungen zu treffen	O ... Genießen zu können
O ... den Überblick zu behalten	O ... Leichtigkeit ins Leben zu bringen
O ... zu führen	O ... neugierig zu sein und verspielt
O ... Pläne für Ihre Zukunft zu schmieden	O ... auch mal etwas zu tun ohne viel darüber nachzudenken
O ... zu lernen	O ... sich in neue Beziehungen zu stürzen
O ... die Dinge sachlich und distanziert zu betrachten	
O ... Prüfungen zu bestehen	O ... mitfühlend zu sein
	O Geschenke einfach anzunehmen

eigenen Bedürfnisse zu befriedigen, der erwartet oft, dass andere das für ihn erledigen. Er fordert also Energie von einer anderen Person ein, damit die das erfüllt, was er nicht selbst zu tun vermag. Auch so entsteht Fremdbestimmung! Solche Pseudoverpflichtungen machen Stress, denn intuitiv werden Sie fühlen, dass etwas nicht stimmt. Hier können Sie etwas ändern!

Erwartungen kontra Eigenverantwortung

Erwartungen sind nicht nur Gift für jede Beziehung, sie sind auch ein Verhängnis für jeden, der sie hegt. Überlegen Sie nur, wie Sie sich fühlen, wenn jemand etwas von Ihnen erwartet, was Sie gar nicht tun wollen. Und wie ist es umgekehrt – wenn Ihre Erwartungen nicht erfüllt werden? In beiden Fällen sind Sie unzufrieden. Verhält sich jemand nicht so, wie Sie es erwarten, dann beginnt Ihre innere Stimme zu meckern, und Sie ziehen Vergleiche. Vergleichen aber ist die perfekte Methode, um unglücklich zu werden. Wieso? Weil zwei Menschen nie die gleichen Erfahrungen machen und nur selten die gleichen Meinungen haben. Sie werden also garantiert enttäuscht.

Erwartungen rauben außerdem Energie und verhindern, dass Sie neue und vielleicht sogar angenehme Erfahrungen machen – die Ihnen unter Umständen sogar den Zugang zu Ihrer Intuition verschaffen, Ihnen allerdings auch Eigenverantwortung abverlangen: Verantwortung sich selbst gegenüber, denn nur Sie allein können sich das geben, was Sie brauchen.

HERZKRAFT: WENN
KOPF UND BAUCH SICH TREFFEN

Vor einigen Jahren las ich folgenden Spruch: »Wenn jeder für sich sorgt, ist für jeden gesorgt!« Erst fand ich diese Aussage ziemlich egoistisch – bis ich genauer darüber nachdachte: Stellen Sie sich vor, jeder Mensch wüsste wirklich, was er sich wünscht und was zu ihm passt, und besäße die Gewissheit, dass es ihm auch zusteht. Und jeder wäre in der Lage, sich seine Wünsche selbst zu erfüllen (selbstverständlich ohne anderen dabei zu schaden). Sie würden aus vollem Herzen und eigenverantwortlich leben.

Malen Sie sich aus, dass alle Menschen auf dieser Welt ihrem Herzen folgten, sodass jeder zufrieden wäre und mit einem Gefühl von Reichtum leben würde. Diese Herzkraft schafft Freiheit, Raum für Kreativität und für Neues. Denn jeder hätte das, was er bräuchte. Man müsste niemanden mehr mit dem eigenen Tun beglücken, sondern jeder wäre für sich und in sich glücklich. Jeder Einzelne würde aus seinen eigenen inneren Stärken heraus leben und wäre mit den Menschen zusammen, die ihm guttun. Dazu gehörte auch, dass Sie genau den Partner hätten, der zu Ihnen passt. Sie würden nicht mehr nur nach einem Partner suchen, der Fähigkeiten besitzt, die Ihre gut ergänzen – denn das geht meistens schief. Oder wie wäre folgendes Gedankenspiel: Sie könnten Ihre Arbeit aufgrund Ihrer sich ständig weiterentwickelnden Fähigkeiten immer neu wählen, statt in einem Job zu verweilen, der Ihnen zwar Sicherheit bietet, aber keine Entfaltung. Zu alldem wäre Herzkraft der Schlüssel. Denn diese setzt positive Energie frei – Herzenergie! Da wo sie wirkt, entstehen Wohlwollen, Liebe, Wärme, Offenheit, Charisma und Anziehung. Wie Sie Ihre Herzenergie für sich zugänglich machen können, das ist ein Anliegen dieses Buches.

Entwickeln Sie Ihre Herzkraft

Kopf und Bauch treffen sich in der Mitte – im Herzen! Dort wohnen Ihre Herzkraft und Ihre Herzenergie. Jeder Mensch besitzt sie. Sie sind absolut notwendig, wenn Sie zu Ihrer Intuition finden wollen, und viel stärker als Ihr Verstand. Wenn Sie sie erst entdeckt haben, werden Sie eine ganze Menge Kraft brauchen, um sie zu ignorieren – aber wozu auch. Denken Sie zum Beispiel an Mahatma Gandhi: Der geistige Führer der indischen Unabhängigkeitsbewegung hat das Prinzip des gewaltfreien Widerstands entwickelt und konsequent gelebt. Es gelang ihm, das indische Volk zu einigen und die Beendigung der britischen Kolonialherrschaft über Indien durchzusetzen. Eine gewaltige Leistung. Was Gandhi dazu befähigte, das war Herzenergie – sie kam aus seiner inneren

Überzeugung heraus. Wenn Sie aus vollem Herzen handeln, setzen Sie Herzenergie frei – und die ist unwiderstehlich. Egal, ob Sie Menschenmassen bewegen oder eher kleine Projekte vorantreiben wollen: Herzenergie ist der Schlüssel zum Erfolg. Ein Unternehmer beispielsweise, der ein Projekt mit Herzkraft vorantreibt, besitzt Autorität und Charisma. Er kann seine Leute mitreißen und wird dadurch Erfolg haben.

Aber auch in alltäglichen Situationen – im Gespräch mit Ihrem Partner, beim Elternabend in der Schule oder in Ihrem Sportverein – können Sie dafür sorgen, dass eine Atmosphäre der Freiheit und Offenheit entsteht, wenn Sie Ihre Herzkraft nutzen.

Herzkraft und Herzenergie entstehen, wenn Sie wahrnehmen, ohne zu werten, wenn Sie eine beobachtende, annehmende Rolle einnehmen und wenn Sie die beiden Polaritäten Emotionalität und Sachlichkeit hinter sich lassen.

Doch der Reihe nach: Lassen Sie erst Ihr Unterbewusstes arbeiten und finden Sie so heraus, was Ihnen entspricht und was Sie am besten können. Das ist viel leichter, als Sie denken. Durch die Verbindung von geistigen Prozessen, Körperarbeit und emotionaler Veränderung lernen Sie in diesem Buch, Ihre Talente zu erkennen und zu entfalten – im beruflichen und privaten Bereich.

Um Ihre Herzkraft zu entwickeln, brauchen Sie sozusagen einen »sechsten«, den intuitiven Sinn. Doch keine Sorge, auch den besitzen Sie längst, es ist Ihnen wahrscheinlich nur nicht bewusst. Sie können sich Ihren intuitiven Sinn wie einen Rohdiamanten vorstellen – wenn er erst geschliffen ist, wird er Ihnen unendlich kostbar sein, ein komplexes Gebilde mit vielen verschiedenen Facetten. Um diesen Rohdiamanten in einen funkelnden Edelstein zu verwandeln, gilt es die folgenden 15 Talente auszubilden. Viele dieser Talente besitzen Sie bereits, die anderen gilt es zu erwerben.

1. Das Talent für den richtigen Augenblick

Menschen, die einen Sinn für den richtigen Augenblick besitzen, haben viel Geduld und scheinbar die Ruhe weg. Sie sind durchaus lebhaft, werden aber nie in wilden Aktionismus verfallen. Manche Dinge müssen reifen, bevor etwas Neues passieren kann. In jeder Situation gibt es den richtigen Augenblick: Es ist der Moment, in dem Ihnen der nächste Schritt ganz leicht fällt. Schauen Sie einmal auf Ihr bisheriges Leben zurück: Sie haben sich bestimmt nicht weiterenwickelt, weil Sie irgendetwas besonders schnell gemacht haben. Reifen lassen heißt auch, sich gewahr werden, sich Gedanken machen, erkennen! Das sind Prozesse, die Zeit brauchen. In der Natur ist es ebenso: Es gibt immer den richtigen Augenblick, um die Ernte einzufahren. Tun Sie es zu früh, sind die Früchte noch zu hart, ernten Sie zu spät, ist alles verdorben. Das gilt auch im Leben: Sind Sie zu früh dran, müssen Sie die Zähne zusammenbeißen, um durchzuhalten. Kommen Sie zu spät, dann ist der Zug abgefahren.

Und so geht's: Üben Sie sich in Geduld. Lernen Sie, zu warten und gleichzeitig offen zu sein für neue Impulse. Sie werden intuitiv wissen, was wann dran ist!

2. Das Talent zu wissen, was zu Ihnen passt

Menschen, die wissen, was zu ihnen passt, sind oft sehr wählerisch. Sie würden nie nach dem Motto handeln: »Hebe ich auf, irgendwann könnte ich es ja gebrauchen.« Sie wissen, was sie wollen, was sie erfüllt und glücklich macht, ob das ein Kleidungsstück, ein Mensch oder ein Job ist. Es fällt ihnen leicht, sich von Dingen zu trennen, die sie nicht mehr brauchen. Kleiderschrank ausmisten? Kein Problem! Was zwei Jahre nicht mehr angezogen wurde, kann weg. Aufträge, die sie nicht bearbeiten können, werden weitergegeben. Und wenn der Job sie nicht mehr erfüllt? Dann ist es Zeit, den Arbeitsplatz zu wechseln. Wenn ein Auftrag hereinkommt, der nicht zu ihnen passt, werden Menschen mit diesem Talent dankend absagen, weil sie leben und nicht im Hamsterrad verenden wollen.

Und so geht's: Entwickeln Sie Kriterien, die Sie innerlich beflügeln. Lernen Sie zu erkennen, was Sie glücklich macht und welche Angebote Sie lieber ablehnen sollten, auch wenn sie noch so verlockend scheinen. Sie werden intuitiv wissen, was gut für Sie ist!

3. Das Talent, die richtigen Schritte zu erkennen

Wer dieses Talent besitzt, hat ein Gespür dafür, wann welcher Schritte dran ist, in welche Richtung er führen muss und welches Tempo angemessen ist – auch im Alltag. Selbst wenn andere zweifeln und vieles dagegen spricht, gehen diese Menschen unbeirrt ihren Weg. Marlon Brando war ein Mann, der dieses Talent besaß. Von ihm stammt der Spruch: »Wer seinen eigenen Weg geht, kann von niemandem überholt werden.« Menschen, die ihre Schritte erkennen, haben diese Erfahrung hundertmal gemacht. Der richtige Weg ist der, der zu ihnen passt!

Und so geht's: Hören Sie auf Ihr Gefühl und vertrauen Sie Ihrer Intuition – sie wird Sie führen. Sie werden intuitiv wissen, welches Tempo Ihnen guttut, welche Schritte Sie wann gehen können und welche Erfahrungen Sie reifer machen.

4. Das Talent zu vertrauen

Menschen, die vertrauen, verfügen über innere Ruhe, denn sie wissen tief in ihrem Innern, dass alles, was passiert, im Einklang mit dem Universum steht. Jetzt denken Sie vielleicht: »Sehr esoterisch!« So habe ich jedenfalls reagiert. Doch Misstrauen bringt Sie nicht weiter. Misstrauen sorgt nur dafür, dass Sie eine pessimistische

Haltung einnehmen. Wie wäre es also mit Vertrauen? Vertrauen macht optimistisch. Unabhängig davon, dass Optimisten viel mehr Spaß im Leben haben, werden Sie als Optimist völlig andere Dinge, Erfahrungen und Menschen anziehen als ein Pessimist. Mit Vertrauen ziehen Sie Vertrauen an – egal ob es um Selbstvertrauen, Urvertrauen, Vertrauen in andere oder Vertrauen ins Leben geht *(siehe Seite 126–130)*. Kinder lernen spielerisch, weil sie voller Vertrauen jede Herausforderung annehmen und einfach ausprobieren, was geht – ohne Erfolgsdruck. Mit Erfolg, wie ich meine!

Und so geht's: Wenn Sie einmal erfahren haben, wie sehr Sie sich auf Ihre Intuition verlassen können, werden Sie ein unendliches Vertrauen entwickeln. Sie werden intuitiv spüren, was Ihnen die Zukunft bringen wird und dass Sie nur die Herausforderungen im Leben bekommen, die Sie bewältigen können. Probieren Sie es aus!

5. Das Talent, Dinge in die Praxis umzusetzen

Menschen, die Dinge in der Praxis umsetzen, sind »Macher«. Sie reden nicht nur, sie tun, sie setzen um, sie gestalten ihr Leben und das Leben anderer nach den Theorien und Konzepten, die sie mitunter sogar selbst entwickelt haben. Kürzlich habe ich den Leiter einer neuen Privatschule kennengelernt – eine sehr beeindruckende Persönlichkeit. Innerhalb von zwei Jahren hat er ein völlig neues Schulkonzept entworfen, das weder auf Montessori noch auf Rudolf Steiner oder dem staatlichen Schulsystem basiert. Seine Stärke ist der Praxisbezug: Das Konzept ist nicht starr, sondern ausgesprochen flexibel. Wenn aus der Praxis heraus Erkenntnisse entstehen, die der Theorie widersprechen, wird diese überdacht und aus den praktischen Erfahrungen heraus weiterentwickelt.

Und so geht's: Belassen Sie es nicht bei der Theorie, sondern gehen Sie in die Praxis, dann werden Sie schnell erfahren, welche Schritte sie unternehmen müssen, um Erkenntnisse in die Tat umzusetzen. Sie werden intuitiv wissen, was das konkret bedeutet.

6. Das Talent zu erkennen, was realistisch ist

Realisten haben einen Sinn dafür, was machbar ist. Diese Menschen haben unerschöpflich viele Visionen und wissen, wann es sich lohnt, Zeit, Geld und Herzblut zu investieren. Sie können einschätzen, was möglich ist und was besser ein Traum bleiben sollte. Das gilt sowohl für Projekte als auch für Beziehungen. Eine meiner Klientinnen beherrschte das in Perfektion – beruflich. In ihrer Beziehung war ihr Talent jedoch seltsam wirkungslos. Warum? Weil Sie Angst davor hatte, allein zu sein. Dadurch betrachtete Sie ihre Beziehung immer wie durch eine rosarote Brille, bereit zu vielen Kompromissen. Allein dadurch, dass Sie dies erkannt hat, konnte Sie neue Wege einschlagen. Zwar kann sich jeder ändern, doch können Sie Veränderungen nur innerhalb Ihrer Fähigkeiten und Stärken dauerhaft halten und realisieren *(siehe Seite 108–133)*. Realistisch sein heißt, die Fähigkeiten zu besitzen, Träume und Visionen aus eigener Kraft zu konkretisieren und eigenverantwortlich in die Tat umzusetzen.

Und so geht's: Lernen Sie zu wissen, was machbar ist und was nicht. Sie werden intuitiv wissen, welches Projekt sich lohnt und von welchem Sie besser die Finger lassen sollten.

7. Das Talent zur Selbsterkenntnis

Menschen mit dem Talent zur Selbsterkenntnis wissen um ihre Stärken und ihre blinden Flecken *(siehe Seite 158–165)*. Sie kennen sich und die Welt, in der sie sich bewegen. Das Bild der Selbsterkenntnis entsteht aus dem Spiel zwischen den Polaritäten »meine Stärken« und »meine blinden Flecken«. Wenn Sie sich so annehmen können, wie Sie sind, ist der Punkt definiert, von dem aus Veränderungen möglich werden. Menschen, die über Selbsterkenntnis verfügen, haben gelernt, in sich hineinzuspüren, und besitzen die Fähigkeit, sich selbst anzunehmen – ohne zu werten und ohne Schuldgefühle. Sie können auch Facetten an sich akzeptieren, die eher wenig erstrebenswert sind wie etwa Eifersucht, Misstrauen oder Neid. Wer Talent zur Selbsterkenntnis besitzt, prüft zuerst sich selbst, bevor er die Verantwortung für das, was passiert ist, anderen zuschiebt.

Und so geht's: Lernen Sie Ihr inneres Selbst kennen und die Welt, in der Sie leben. Sie werden intuitiv wissen, wo Sie stehen.

8. Das Talent, seine Träume zu leben

Bei Menschen, die ihre Träume leben, handelt es sich meist um sehr kreative Leute, die vor Ideen nur so sprudeln. Sie lassen ihren Träumen freien Lauf – bei Nacht und auch bei Tag. In ihrem Innern sehen sie permanent bewegte Bilder, die ihnen vorführen, wie sich das, was sie sich erträumen, in der Realität abspielen könnte. Dadurch schaffen sie sich neue Möglichkeiten. Denn Träumen ist ein unverzichtbarer Teil des kreativen Prozesses – im Traum ist alles erlaubt! Der US-amerikanische Trickfilmproduzent Walt Disney hat einmal erzählt, dass er zunächst seinem »inneren Träumer« einen Auftrag erteile. Erst wenn dieser fertig geträumt habe, käme der »innere Planer« an die Reihe, der Prioritäten setze. Wenn der fertig sei, würde der »Realist« zum Einsatz kommen und damit beginnen, die Träume zu sortieren und manchmal auch zu zensieren. Innovative Menschen erlauben sich eben, ohne Einschränkung zu träumen.

Und so geht's: Lernen Sie, Ihren Träumen Raum zu geben, damit sie sich entwickeln können. Sie werden intuitiv wissen, welche neue Möglichkeit Ihr Unterbewusstes Ihnen mit Ihren Träumen schenkt.

9. Das Talent, proaktiv zu handeln

Wer proaktiv handelt, nimmt jede Herausforderung gerne an und wird nie versuchen, einem Problem aus dem Weg zu gehen oder sich vor ihm zu verstecken. Handeln hat mit Aktion, mit Bewegung zu tun, und Bewegung hält wach und richtet Ihre Aufmerksamkeit nach außen. Damit Sie Ihre Herzkraft nutzen können, müssen Sie eine Verbindung zwischen innen und außen herstellen. Wer proaktiv handelt, erkennt, was das Leben ihm an Schönheit und Inspiration bietet, und versteht, diese Impulse für seine Entwicklung zu nutzen. Bewegung aktiviert das Gehirn und fördert körperliche und geistige Prozesse. Übrigens: Auch Nichtstun ist eine Handlung und kann manchmal die beste Lösung sein.

Und so geht's: Lernen Sie, in Bewegung zu sein und zu handeln. Sie werden intuitiv erkennen, was zu tun ist.

10. Das Talent, seine Kräfte gezielt einzusetzen

Wenn Sie Ihre Kräfte nicht vergeuden, gewinnen Sie viel Zeit und können Ihre Aufmerksamkeit und Ihre Energie auf Dinge lenken, für die es sich wirklich lohnt. Bei Menschen mit diesem Talent hat man immer den Eindruck, dass alles, was sie anfassen, sinnvoll und grundsätzlich von Erfolg gekrönt ist. Sie beschäftigen sich intuitiv mit Dingen und Aufgaben, die es wert sind. Alles andere nehmen sie kaum zur Kenntnis oder empfinden es als unwichtig.

Und so geht's: Finden Sie heraus, was Sie wirklich wollen und wo Ihre Interessen, Ziele und Visionen liegen. Investieren Sie Ihre Energie in diese Richtung.

11. Das Talent zur Reflexion

Menschen, die reflektieren, suchen geradezu nach geistigen Herausforderungen. Sie können sich stundenlang mit den kompliziertesten

Fragen beschäftigen, die zunächst nicht konkret fassbar erscheinen, etwa intensiv über ein Wort wie »Erziehung« und dessen Bedeutung nachdenken – oder über eine zufällige Begegnung. Sie können Details und Schritte in allen Einzelheiten nachvollziehen und haben die Fähigkeiten, in dieser Reflexionsphase zu erkennen, was sie in Zukunft anders machen können, um ihrem Leben einen neuen Anstrich zu geben. Diese Erkenntnisse helfen ihnen dabei, die nötigen Entscheidungen zu treffen.

Und so geht's: Lernen Sie zu reflektieren, was Ihnen widerfährt, was sich hinter den Gedanken, die Sie bewegen, wirklich verbirgt, und erkennen Sie, was hinter den »Zufällen« in Ihrem Leben tatsächlich steckt. Es sind nämlich Hinweise, die Ihnen Ihren Weg weisen!

12. Das Talent, das Leben mit Humor zu nehmen

Menschen, die das Leben mit Humor nehmen, sprühen vor Energie, haben eine optimistische Lebenseinstellung und können nahezu jeder Situation im Alltag mit einem Lachen begegnen. Es kann sehr angenehm sein, wenn man widrigen Umständen mit Humor entgegentreten kann statt mit Sarkasmus. Denn gerade wenn es schlecht läuft, brauchen Sie Energie. Humor hilft Ihnen, Ihr Energielevel hochzuhalten und Ihr Herz zu öffnen. Er ermöglicht Ihnen außerdem, die Perspektive zu wechseln. Dadurch kann es Ihnen gelingen, eine völlig neue Sicht auf die Dinge zu gewinnen.

Und so geht's: Nehmen Sie die Dinge mit Humor. Umso schneller kommen Sie aus unangenehmen Situationen wieder in Ihre Kraft und erlangen Ihre Handlungsfähigkeit zurück.

13. Das Talent, sich mit den richtigen Menschen zu umgeben

Menschen, die dieses Talent besitzen, haben ein Händchen für andere Menschen. Ihre Menschenkenntnis ist geradezu sprichwörtlich:

Sie finden immer die richtigen Mitarbeiter, die richtigen Freunde und den richtigen Partner. Kein Wunder, dass sie umgeben sind von Menschen, die zu ihnen passen und ihre Interessen teilen. Unangenehme Pflichttermine ersparen sie sich. Wenn Sie dieses Talent besitzen, werden Sie Menschen anziehen, die Ihnen guttun, und sich freuen, dass Sie wieder mit jemandem zusammen sein können, mit dem es sich gelohnt hat, die Zeit zu verbringen. Sie werden sich nach jeder Begegnung reich beschenkt fühlen und Menschen begegnen, die Sie berühren und sich von Ihnen berühren lassen.

Und so geht's: Finden Sie heraus, welche Menschen Ihnen wirklich guttun. Überlegen Sie sich gründlich, mit wem Sie Ihre Zeit verbringen wollen. Intuitiv werden Sie die Menschen anziehen, die wirklich zu Ihnen passen.

14. Das Talent, Dankbarkeit zu empfinden

Menschen, die Dankbarkeit empfinden, können wahrhaft lieben, besitzen einen tiefen Sinn für Schönheit und bringen sich selbst und anderen Menschen Wertschätzung entgegen. Sie wissen, dass jede Erfahrung, die sie machen, ihr Leben bereichert. Lassen Sie mich von einem Moment berichten, in dem ich tiefe Dankbarkeit empfand: Ich joggte im Wald, und die ersten warmen Sonnenstrahlen kämpften sich durch die Baumwipfel. Um mich herum war es herrlich still, und ich entdeckte eine Lichtung mit Frühlingsblumen, die von der Sonne gestreichelt wurden. Es sind solche Momente, in denen ich das Gefühl habe, das Paradies auf Erden gefunden zu haben. Dankbarkeit löst genau dieses Gefühl aus, mit sich, mit dem eigenen Leben und mit dem Universum in Einklang zu sein. Wer so fühlt, kann sich schon an den kleinsten Dingen erfreuen und Kraft aus ihnen ziehen.

Und so geht's: Lernen Sie dankbar zu sein für jede Erfahrung, die Sie machen dürfen – die guten wie die schlechten. Alles hat eine positive Seite. Nehmen Sie sie an. Annehmen ist sozusagen die Königsdisziplin, wenn es um Herzenergie geht.

15. Das Talent zu vergeben

Wenn Sie vergeben können, fällt das auf Sie zurück – oft sogar umgehend. Vergeben hat mit Großzügigkeit, Reichtum und Fülle zu tun. Wenn Sie innerlich reich sind, können Sie andere – aber auch sich selbst – aus jeder Form von Schuld entlassen. Wer nachtragend ist, dem mangelt es an Güte und innerem Reichtum. Wer vergeben kann, besitzt die Fähigkeit, sich mit dem, was er erlebt hat, auseinanderzusetzen.

Verdrängung ist eines der größten Hindernisse für die Vergebung. Wenn Sie etwas verdrängen, lassen Sie Ihr Unterbewusstes mit unangenehmen, nicht verarbeiteten Erlebnissen zurück und verbauen sich so die Möglichkeit, etwas zu verändern. Menschen, die verdrängen, wiederholen die gleiche Erfahrung immer wieder. Schlimmer noch: Sie werden sie so lange wiederholen, bis Sie verarbeitet ist, was aber durch das Verdrängen verhindert wird: Ein Teufelskreis entsteht. Was steckt dahinter? Ihre Herzenergie wird oft durch Regeln und Glaubenssätze gemaßregelt, die Sie in Ihrer Kindheit gelernt haben und die in Ihrem Leben noch immer unterbewusst gelten. Nur wenn Sie Erfahrungen erfolgreich verarbeiten, können Sie daraus Lehren ziehen, die Sie weiterbringen und reicher machen. Vergeben führt zu innerem Frieden und zu innerem Reichtum.

Und so geht's: Lernen Sie zu vergeben und jeder negativen Erfahrung, die Sie machen müssen, etwas Positives abzugewinnen – so finden Sie Tag für Tag Frieden mit sich selbst.

WIE GLAUBENSSÄTZE
SIE LEITEN UND FORMEN

Wenn Sie an Ihre Kindheit zurückdenken, an Ihr Elternhaus und Ihr soziales Umfeld, dann erinnern Sie sich bestimmt an die Regeln, die dort galten. Diese haben Sie beeinflusst und geprägt. Und noch heute orientieren Sie sich zum großen Teil an ihnen. Manche dieser Regeln sind förderlich, andere aber hindern Sie daran, sich die Freiheit zu nehmen, Ihr Leben so zu leben, dass es Ihnen entspricht. Gemeint sind Regeln und Selbstverständlichkeiten, die Ihre Glaubenssysteme und Überzeugungen formen und absolute Gültigkeit für Sie bekommen. Manche tun gut und bauen uns auf wie etwa »Schön, dass es mich gibt«, »Ich bin intelligent und gut aussehend« oder »Jeden Morgen geht die Sonne auf«. Andere ziehen uns runter und bilden die Basis für eine pessimistische Lebenseinstellung: »Andere sind besser als ich«, »Ich muss immer alles allein machen«, »Das Leben ist kein Zuckerschlecken.«

Tipp

Machen Sie sich Ihre
Glaubenssätze bewusst

Denken Sie einen Moment nach und schreiben Sie Ihre positiven und Ihre negativen Glaubenssätze und Überzeugungen auf ein Blatt Papier.

Beispiele dafür wären: »Ich bekomme immer, was ich will!«, »Wenn es drauf ankommt, dann kann ich es«, aber auch: »Wenn ich es nicht tue, bleibt es liegen.« Oder: »Männer/Frauen haben es gut. Die müssen nicht ...« oder »Um erfolgreich zu sein, muss ich ...« Was sind Ihre persönlichen Regeln, von denen Sie sich unbewusst beeinflussen und leiten lassen?

Menschen, die aus vollen Zügen leben, haben Glaubenssätze wie »Es kommt immer alles zum richtigen Zeitpunkt«, »Probleme sind auch Herausforderungen und Chancen« oder »Ich besitze alle Fähigkeit, um mein Leben zu gestalten«. Welche positiven Sätze unterstützen Sie dabei, Ihr Leben zu gestalten?

Wie aber wird eine Regel zur Selbstverständlichkeit, Überzeugung beziehungsweise zum Glaubenssatz? Es sind im Wesentlichen vier Parameter, die aus inneren Regeln Glaubenssätze formen: Intensität, Ergebnisse, Wissen, Annahmen und Ziele. Wie das funktioniert, erfahren Sie hier:

Intensität prägt Glaubenssätze

Ereignisse, die von intensiven Empfindungen begleitet werden, prägen sich tief in Ihrem Unterbewussten ein. Wenn Sie später eine ähnliche Situation erleben, wird der Glaubenssatz, den diese Situation in Ihnen geprägt hat, augenblicklich wieder wirksam. So habe ich als Kind im Restaurant meiner Eltern durch die Bewirtung von Menschen aus anderen Ländern die Erfahrung gemacht, dass diese etwas Besonderes sind. Als ich Jahre später als Au-pair-Mädchen nach Deutschland kam, hat mir diese Überzeugung sehr geholfen – natürlich war auch ich etwas Besonderes!

Ergebnisse prägen Glaubensätze

Wenn Sie in der Schule und im Leben bisher immer erfolgreich waren, werden Sie fest davon ausgehen, dass Sie alles, was Sie sich vornehmen, ebenso erfolgreich schaffen können. Wer dagegen schon häufiger etwas ausprobiert und gleich wieder aufgegeben hat, gewinnt die Überzeugung, dass er es vielleicht nie zu etwas bringen wird. Da Sie mit Sicherheit irgendetwas ganz besonders gut können beziehungsweise etwas bereits geschafft haben, sollten Sie sich jetzt Ihre positiven Glaubenssätze bewusst machen. Was hat Sie zu Ihren Erfolgen geführt? Wieso waren Sie davon überzeugt, dass es klappen würde? An was haben Sie geglaubt? Schreiben Sie sich alle Glaubenssätze auf, die Ihnen dazu einfallen *(siehe Tipp Seite 44).* Diese Glaubenssätze werden Sie bei den kommenden Schritten in Ihr neues, selbstbestimmtes Leben unterstützen.

Wissen und Annahmen prägen Glaubenssätze

Dass sich die Erde um die Sonne dreht, ist heute eine wissenschaftlich bewiesene Tatsache. Sie dürfen ganz sicher sein, dass es stimmt. Doch wenn wir Entscheidungen treffen müssen, können wir uns leider nicht immer auf derart abgesicherte Fakten berufen. Stattdessen stützen wir uns auf unsere Glaubenssätze: Alles – was Sie in Ihrem Leben gelernt haben, was Sie wissen und was Sie nicht wissen, aber zu wissen glauben – fließt in Ihre Entscheidungen mit ein, die manchmal gut, manchmal aber auch weniger gut sind.

Allerdings: Wenn Sie zu wissen glauben, dass eine ganz bestimmte Sache so ist, wie sie ist, werden Sie nicht mehr nach anderen Möglichkeiten suchen. Sie sind blockiert – und der Zugang zu Ihrer Intuition ist es auch! Sie werden also handeln, wie Sie immer gehandelt haben, und nichts wird sich ändern. Sie funktionieren – aber bringt Sie das weiter?

An dieser Stelle möchte ich Ihnen zwei meiner »italienischen« Glaubenssätze verraten, die mir erfolgreich dabei helfen, Dinge zu tun, die angeblich nicht gehen: »Wenn sich eine Tür schließt, geht immer irgendwo anders ein Tor auf« und »Reichtum ist mein natürlicher Zustand.«

Ziele prägen Glaubensätze

Unabhängig davon, ob Sie sich tatsächlich oder nur in Ihrer Vorstellung in einer bestimmten Situation befinden: In Ihrem Körper laufen exakt die gleichen chemischen, elektrischen, neurologischen und energetischen Prozesse ab. Das bedeutet, Sie können Ihren Körper mithilfe Ihrer Gedanken glauben machen, dass etwas Bestimmtes möglich ist. Nichts anderes machen Sportler, wenn sie sich mental auf einen Wettkampf vorbereiten. Denken Sie nur an die Bilder von Skirennläufern. Kurz vor dem Start des Slaloms etwa stellen sie sich ihre Fahrt ins Ziel in allen Einzelheiten vor. Man kann deutlich beobachten, wie ihr Körper ihren Gedanken folgt.

Etwas ganz Ähnliches tun Sie, wenn Sie sich die anstehende Gehaltsverhandlung mit Ihrem Vorgesetzten bis ins kleinste Detail vorstellen. Je nachdem von welchen Glaubenssätzen Sie sich leiten lassen (»Der wird mir nie mehr Gehalt geben« oder »Ich habe mit meiner Leistung den Betrieb vorangebracht und habe mir eine Gehaltserhöhung verdient«), schüttet Ihr Körper Stresshormone oder Glückshormone aus, was Sie in der einen oder anderen Richtung unterstützen wird.

Positive Glaubenssätze beflügeln

Innovative Menschen, die Neues schaffen oder bleibende Veränderungen anstoßen, haben eines gemeinsam: Sie sind davon überzeugt, Dinge bewegen zu können – und zwar auch dann, wenn ihre Mitmenschen dies für unmöglich halten. Und damit meine ich nicht nur herausragende Persönlichkeiten wie Henry Ford oder Coco Chanel, sondern auch Menschen wie Sie und mich: Menschen, die sich einfach trauen, ihr Leben (neu) zu gestalten. Ich denke da zum Beispiel an den Vater, der es »wagt«, ein halbes Jahr

Übung

POSTITIVE GLAUBENSSÄTZE
VERSTÄRKEN

Positive Glaubenssätze enthalten eine Erlaubnis und fangen fast immer mit den Worten an »Ich kann ...«, »Ich darf ...« oder »Ich will ...«. Sie sind also davon überzeugt, dass Ihnen etwas zusteht. Intensiv verankerte Glaubenssätze geben Sicherheit. Sind sie noch dazu positiv, verleihen sie Ihnen ungeahnte Kräfte.

Achten Sie darauf, dass die Glaubenssätze, die Sie verstärken, Ihnen noch mehr innere Freiheit geben und Sie dabei unterstützen, Ihre Herzkraft zu leben. Machen Sie die Übung rechts, wenn Sie das Gefühl haben, dass Sie nicht vom Fleck kommen.

Erziehungsurlaub zu nehmen – obwohl er eine Führungsposition bekleidet –, weil er die ersten Lebensmonate seines Kindes miterleben will. Oder die junge Chemielaborantin, die sich der Herausforderung stellt, ein Team von acht Ingenieuren zu leiten. Oder meine Schwiegermutter, die noch mit 70 Jahren den Mut hatte, sich auf eine neue Partnerschaft einzulassen.

Was all diese Menschen vereint, ist die Tatsache, dass sie Neues nicht als unmöglich betrachten, sondern als machbar. Viele Aufgaben, Situationen oder Herausforderungen, denen wir uns gegenübersehen, sind gar nicht unmöglich zu bewältigen. Unmöglich erscheinen sie uns nur im Lichte unserer Beurteilung. Wenn Sie daran glauben, dass sich eine Situation oder eine Beziehung verändern kann, wird dies geschehen. Wenn Sie nicht daran glauben, dann wird sich sicher nichts ändern – das ist gewiss! Sie sehen also: Ihre Glaubenssysteme bestimmen Ihr Leben und die Art, wie Sie es gestalten.

1. Schreiben Sie einen Ihrer besonders starken, positiven Glaubenssätze auf, der Ihrer tiefsten Überzeugung entspricht – vielleicht »Ich bin ein besonderer Mensch«.

Spüren Sie, wie sich dieser Glaubenssatz in Ihrem Körper anfühlt?

2. Vergegenwärtigen Sie sich drei Situationen, in denen Sie dieses Gefühl hatten – also etwa das Gefühl, ein ganz besonderer Mensch zu sein. Schreiben Sie diese drei Beispiele auf.

---

3. Legen Sie nun Ihre linke Hand auf Ihr rechtes Handgelenk. Erinnern Sie sich an die erste Situation, in der Sie das Gefühl hatten, ein ganz besonderer Mensch zu sein. Lassen Sie diese Situation in Ihren Gedanken ganz intensiv werden. Wenn Sie diese Intensität spüren, umfassen Sie Ihr Handgelenk fester.

4. Wiederholen Sie den vorangegangenen Teil der Übung mit der zweiten und dritten Situation, in der Sie dieses positive Gefühl bereits schon einmal hatten.

5. Stellen Sie sich nun eine Situation vor, in der Sie genau dieses positive Gefühl brauchen werden – ganz gleich ob beruflich oder privat.

6. Drücken Sie jetzt Ihr Handgelenk. Spüren Sie die angenehme Kraft, die entsteht?

Ab jetzt können Sie, sobald Sie den Eindruck haben »Heute geht gar nichts«, Ihr Handgelenk umfassen und dieses negative Gefühl durch ein positives ersetzen.

NEGATIVE GLAUBENSSÄTZE
VERÄNDERN

Es gibt nur wenige Dinge, die Sie tatsächlich »müssen« oder »sollten«. Meist haben Sie sich solche »Gebote« selbst auferlegt. Innere Glaubenssätze sind nichts anderes als Illusionen – Konflikte zwischen Ihrer Innenwelt und der Welt draußen, Konflikte zwischen Ihrem Kopf und Ihrem Bauch, zwischen Logik und Intuition: Sie bilden eine »Wirklichkeit«, die Sie selbst erschaffen haben. Wenn Sie das erkennen, können Sie Ihre negativen Glaubenssätze verändern.

1. Schreiben Sie den Glaubenssatz auf, der Sie im Moment am meisten stört (zum Beispiel: »Ich habe keine Zeit, um zu entspannen«). Spüren Sie, wie sich dieser Glaubenssatz in Ihrem Körper anfühlt.

_____

2. Vergegenwärtigen Sie sich drei Situationen, in denen Sie den Glaubenssatz widerlegt haben (etwa weil Sie doch Zeit zum Entspannen gefunden haben). Schreiben Sie drei Beispiele dafür auf.

_____

_____

_____

3. Lesen Sie Ihre Notizen nun von unten nach oben. Zuerst die drei Fälle, in denen es Ihnen möglich war, den Glaubenssatz zu durchbrechen, dann den Glaubenssatz. Trifft er noch zu?

4. Wie heißt also Ihr neuer Glaubenssatz? Schreiben Sie ihn auf.

_____

_____

ICH SEHE WAS,
WAS DU NICHT SIEHST

Etwa ab 1985 sind die Ideale der 68er-Generation – denen zufolge alles irgendwie anders sein musste und möglichst provokant – aus der Mode gekommen. Eine neue Zeit brach an, in der es plötzlich verpönt war, negativ zu denken. Aus Amerika kam das Motto »Think positiv!«, und man schämte sich beinahe, wenn man den ein oder anderen skeptischen Gedanken hegte. Damals glaubte man, es reiche aus, etwas oft genug zu bejahen oder Bekräftigungsformeln vorzusagen, um das Unterbewusste positiv zu beeinflussen. Leider klappte das nur selten – meistens gar nicht. Heute weiß ich, warum das so ist: Man braucht Herzkraft *(siehe Seite 32–43)*, damit die Verbindung hergestellt werden kann! Es ist wie bei einem Husten, gegen den Hustensaft nicht hilft. Nicht immer ist eine Bronchitis der Grund, manchmal hat ein Husten psychische Ursachen oder ist die Folge falscher Ernährung. Vielleicht bringt der Hustensaft Linderung, der Husten aber wird so lange bleiben, bis seine Ursache gefunden und behoben worden ist. Wir Menschen sind komplexe Lebewesen und unsere Probleme häufig vielschichtig, deshalb ist eine ganzheitliche Vorgehensweise bei der Ursachenforschung unumgänglich. Das klingt kompliziert, ist aber ganz einfach, wenn Sie Ihre Intuition nutzen und sich Ihrer Filter bewusst sind.

Unsere Filter

Alles, was Sie erleben, nehmen Sie durch Filter wahr. Diese entwickeln sich aus allen Erfahrungen, die Sie im Lauf Ihres Lebens sammeln. Sie werden aber auch von äußeren Einflüssen (fremd-) bestimmt. Durch diese Filter blicken Sie in die Welt, und was Sie

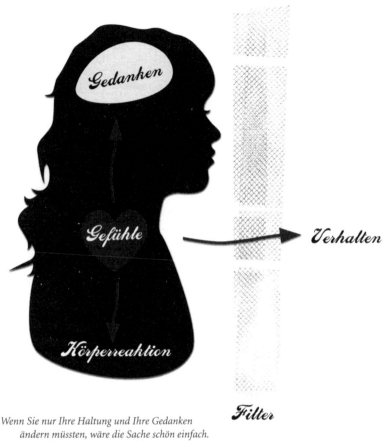

Wenn Sie nur Ihre Haltung und Ihre Gedanken
ändern müssten, wäre die Sache schön einfach.
Maßgebend für Veränderung und für die Art,
wie Sie Ihre Realität wahrnehmen, sind Ihre Filter.

durch sie hindurch sehen, ist Ihre Realität. Ihre Filter wurden
maßgeblich geprägt von Ihrer Kindheit, Ihrer Ursprungsfamilie,
Ihrer Schule und Ihrer Kultur. Sie haben Öffnungen vergleichbar
mit Fenstern, durch die Informationen dringen können *(siehe
Grafik oben)*. Das heißt aber auch: Wo Ihre Filter keine »Fenster«
haben, dringt keine Information zu Ihnen durch! Sie nehmen also
immer nur einen Teil von dem wahr, was tatsächlich geschieht. Ihre

Glaubenssysteme bestimmen, wie weit diese Fenster geöffnet oder geschlossen sind. In manchen Lebensbereichen sind sie vielleicht recht offen, in anderen dagegen nahezu geschlossen.

Dazu ein Beispiel: Einer meiner Kursteilnehmer beschrieb mir ein Problem in seinem Betrieb, das immer dann auftrat, wenn es um Innovationen ging: Es kam unweigerlich zum Kampf zwischen den langjährigen Mitarbeitern und den jungen Führungskräften, die mit neuen Ideen bewährte Strukturen infrage stellten. Warum ist es so schwer, Änderungen durchzusetzen, auch wenn sie gut und notwendig sind? Ganz einfach: Die älteren Firmenangehörigen haben aufgrund ihrer langjährigen Erfahrungen – und weil sie die bestehenden Strukturen mit aufgebaut haben – engmaschigere Filter. Die neuen Mitarbeiter haben solche mit größeren Maschen, dafür besitzen sie weniger bis gar keine Erfahrung. Wer schon einmal verheiratet war und sich erneut binden will, wird diesen Zustand kennen: Die Filter eines einmal geschiedenen Partners bezüglich der Ehe werden deutlich engmaschiger sein als die von jemandem, der vor seiner ersten Eheschließung steht.

Beobachten statt urteilen – so bleiben Sie offen

Um für neue Erfahrungen aufgeschlossen zu sein, müssen Ihre Filter offen sein. Sie schließen sich jedoch in dem Moment, in dem Sie beginnen zu urteilen. Denn sobald Sie etwas für gut oder schlecht befinden, legen Sie sich fest, und Ihre Neugier hört auf.

Damit Ihre Filter offen bleiben, müssen Sie nur lernen, zu beobachten statt zu urteilen. In der Rolle des Beobachters können Sie nämlich viel mehr sehen und erkennen. Sie verschafft Ihnen Raum zum Nachdenken und Zeit, um zu überprüfen, ob das, was gerade abläuft, mit Ihren Erwartungen übereinstimmt. Dadurch gewinnen Sie Entscheidungshoheit: Es liegt jetzt an Ihnen, ob Sie in die alte Tretmühle einsteigen oder sich die Freiheit nehmen, etwas anderes zu machen.

Zugegeben: Die Grenze zwischen Beobachten und Urteilen ist ziemlich schmal – macht aber einen entscheidenden Unterschied aus in der Kommunikation (allgemein) und bei der Entwicklung Ihrer Intuition. Ein Beispiel: Manche Menschen scheinen Gedanken lesen zu können. Was sie aber tatsächlich tun, ist zu beobachten und aus ihrer Intuition heraus Schlussfolgerungen zu ziehen.

Während Sie dieses Buch in der Hand halten und darin lesen, bemerken Sie vielleicht, wie Sie sich über das Geschriebene Gedanken machen, wie in Ihrem Inneren eine Stimme laut wird, Ihnen sanft die Verbindungen zu Ihrem eigenen Leben aufzeigt und Sie so dabei unterstützt, neue Weg zu finden. Das ist gemeint: Beobachte statt zu urteilen!

Probieren Sie es bei Ihren Nächsten einfach mal aus: Beobachten Sie etwa Ihr Kind und Ihren Partner und versuchen Sie drei Dinge festzumachen, die den beiden in diesem Moment wichtig sein und gefallen könnten. Was könnte das sein? Folgen Sie einfach Ihrer inneren Stimme: Sie flüstert es Ihnen ein.

DIE SPIRALE DER FREMDBESTIMMUNG

Was Fremdbestimmung bedeutet, kann man bei Kindern und Jugendlichen sehr gut beobachten: Kleine Kinder möchten das gleiche Spielzeug haben wie ihre Spielkameraden. Es gibt kaum eine Frau unter dreißig, die als Kind nicht mit Barbiepuppen gespielt hat, und nahezu jeder Mann gleichen Alters ist als Junge der Faszination von Transformern (Auto und Monster in einem) erlegen. Diese Gleichheit der Bedürfnisse verschafft ein Gefühl von

Zugehörigkeit. Noch als Jugendliche versuchen wir diese Zugehörigkeit herzustellen, indem wir die gleiche Kleidung tragen, die gleiche Sprache benutzen, die gleiche Haltung einnehmen und das gleiche Gedankengut pflegen wie unsere Freunde. Als Erwachsene tragen wir unsere Fremdbestimmung dann nicht mehr so offensichtlich zur Schau – meist jedenfalls. Anderenfalls würden wir sie sofort als solche identifizieren und wahrscheinlich gegensteuern.

Das Bedürfnis nach Anerkennung

Aber warum sind Menschen überhaupt fremdbestimmt? Ganz einfach: Weil sie geliebt, gesehen und anerkannt werden wollen. Und dafür wenden wir nicht selten unendlich viel Kraft auf. Das Problem ist, dass wir uns selbst dabei leicht aus den Augen verlieren. Wir vergessen, welche Bedürfnisse wir wirklich haben – und dadurch wird auch der Kontakt zu unseren Gefühlen verschüttet. Am Schluss befinden wir uns dann im ewigen Hamsterrad, in dem wir zwar funktionieren, aber nicht wir selbst sind.

Das passiert Ihnen doch nicht, denken Sie? Wie reagieren Sie, wenn im Küchenradio eine Schnulze gespielt wird, Sie lauthals mitsingen, aber bald bemerken, dass Ihre Familie sich über Sie lustig macht? Vielleicht singen Sie zuerst noch leise weiter, doch die anhaltend amüsierten Blicke werden dafür sorgen, dass Sie sich bald nur noch leicht im Rhythmus der Musik bewegen. Wird dann immer noch gestichelt, kann es sein, dass Sie das Radio sogar ausschalten und das Lied und Ihr Gefühl verdrängen – denn Sie wollen ja Anerkennung von Ihrer Familie, keine Missbilligung! Später werden Sie sich vielleicht dunkel daran erinnern, dass es da etwas gab, das Sie sehr berührt hat – aber die Melodie will Ihnen einfach nicht mehr einfallen.

Vor- und Nachteile der Anpassung

Im Laufe Ihrer Sozialisation haben Sie sich auf die eben beschriebene Weise Verhaltensweisen angeeignet, die mit denen Ihres sozialen Umfelds konform gingen. Der Vorteil: Sie funktionieren, Sie ecken nicht an, Sie kommen zurecht! Der Nachteil: Die Fremdbestimmung schafft Abhängigkeiten (man geht ins Fitnessstudio, man spricht nicht laut, man kleidet sich angemessen, man ist für den Partner da und so weiter) und führt zu Energieverlust.

Das derart angepasste Verhalten wird bestimmt durch systematische, unbewusste Strategien, die Sie in der Tretmühle gefangen halten. Die dazu passenden – von anderen übernommenen – Glaubenssysteme behindern Ihre Wahrnehmung. Auch die Werte, die Sie leben, wurden Ihnen von außen vorgegeben – Familie, Schule Arbeitsumfeld, Gesellschaft … Ihre eigenen Visionen – wie Ihr Leben sein soll – verkümmern. Sie haben Ihre Mission *(siehe Seite 140–141)* aus den Augen verloren. Wenn Sie sich manchmal fragen »Was mache ich hier eigentlich?« oder das Gefühl haben, im falschen Film mitzuspielen, ist dies ein Indiz dafür, dass Sie in der Fremdbestimmungsspirale *(siehe Grafik rechts)* gefangen sind. Sie funktionieren nur noch. Das Fatale an der Fremdbestimmungsspirale ist, dass sie sehr subtil wirkt. Den wenigsten Menschen wird bewusst, dass sie sich in ihr verfangen haben.

Fremdbestimmung von außen

Ein Grund, warum wir so anfällig für die Fremdbestimmung von außen sind, wurde bereits angesprochen: das Bedürfnis nach Anerkennung und Zugehörigkeit. Familiäre Glaubenssätze und Regeln des Berufsalltags tun ihr Übriges. Sicherlich kennen Sie Sätze wie:

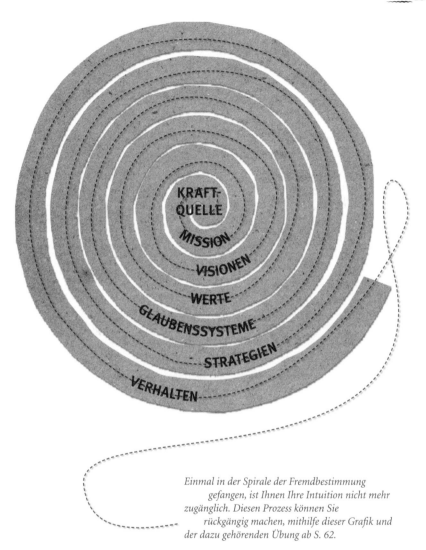

Einmal in der Spirale der Fremdbestimmung
gefangen, ist Ihnen Ihre Intuition nicht mehr
zugänglich. Diesen Prozess können Sie
rückgängig machen, mithilfe dieser Grafik und
der dazu gehörenden Übung ab S. 62.

»Wir Meiers, Müllers oder Schusters sind halt so!«, oder: »In unserem Unternehmen wird Businesskleidung getragen!«

Auch die Kultur und das Gesellschaftssystem, in dem wir aufwachsen, bestimmen die Art und Weise, wie wir leben – im Kleinen wie im Großen. So unterscheiden sich die Essgewohnheiten in

FREMDBESTIMMUNG
ERKENNEN

Überprüfen Sie den Grad Ihrer Fremdbestimmung:

Was will ich wirklich?

_____

Was tut mir gut?

_____

Was ist wirklich meins?

_____

Wenn alles davon in Ihrem Leben vorkommt – wunderbar! Wenn nur wenig oder nichts davon vorkommt, sollten Sie nach den Ursachen forschen. Wo bestimmen Sie selbst und wo werden Sie fremdbestimmt?

Italien völlig von denen in Deutschland. Ganz andere Auswirkungen hat die Fremdbestimmung allerdings, wenn es nicht nur um Esskultur geht, sondern um gesellschaftliche oder religiöse Vorschriften: Frauen im Islam werden anders behandelt als in christlichen Ländern – entsprechend unterschiedlich ist ihr Verhalten.

Diese Art der Fremdbestimmung übt enormen Druck aus. Sie zwingt uns zu einem bestimmten Verhalten, weil wir in Abhängigkeit zu den Erwartungen unseres sozialen Umfelds stehen. Das bedeutet zwar, dass Sie nicht sofort eine Veränderung herbeiführen können, doch wenn Ihnen die Abhängigkeit erst einmal bewusst ist, haben Sie auch die Möglichkeit zu handeln.

Selbst gewählte Fremdbestimmung

Es gibt aber auch eine Art der Fremdbestimmung, die Sie selbst
wählen. Sie findet beispielsweise dann statt, wenn Sie sich eine
andere Person zum Vorbild nehmen. Kinder tun dies ganz automatisch – erst unbewusst, dann bewusster. Sie lernen von Vorbildern.
Das sind zunächst Mutter und Vater und die Menschen in ihrer
nächsten Umgebung. Später können das Geschwister und Freunde sein, aber auch Sportidole und Popstars oder Menschen, die
sie beeindrucken. Und auch wenn wir erwachsen sind, haben wir
häufig Vorbilder – denen wir nacheifern, weil wir ihre Leistungen
bewundern und ebenso erfolgreich sein wollen.

Modellieren

Die Orientierung an Modellen kann überlebenswichtig sein – wie
beim Lernverhalten kleiner Kinder –, aber auch negativ. Denken Sie
an einen Teenager, der zweifelhafte Freunde hat, die die gesellschaftlich akzeptierten Grenzen überschreiten und Drogen nehmen, oder
der für eine Band schwärmt, die gewaltverherrlichende Lieder singt.
Es hängt also von den Vorbildern ab, ob das Modellieren einem
guttut oder nicht. Das Geformt werden endet nämlich nicht damit,
die äußerlichen Attribute des Modells zu übernehmen, auch die Er-
lebniswelten, Emotionen und Handlungsmuster werden eingeprägt.
Wenn dabei die positiven Seiten überwiegen, die die eigenen Fähigkeiten und Potenziale fördern, dann wird man davon profitieren.

Unser Ziel und Ideal ist es, selbstbestimmt zu leben. Wer so lebt,
verfügt über starke Ressourcen und ungeahnte Kräfte. Sie können
das auch erreichen: Die Freilegung Ihrer individuellen Strukturen
(siehe Kapitel 2) und die Entwicklung Ihres ganz persönlichen Le-
benskonzepts *(siehe Kapitel 3)* werden Sie dabei unterstützen.

BEKENNEN SIE SICH
ZU IHREN SEHNSÜCHTEN

Werden Sie sich Ihrer Sehnsüchte bewusst: Worin bestehen diese?
Wo sind Sie schon am Ziel? Was wollen Sie noch in Ihrem Leben?
Gehen Sie dazu ganz systematisch vor. Hier erfahren Sie, wie es geht:

1. Liste „Was mich stört"

Schreiben Sie alles auf, was Sie unter Druck setzt oder nicht so ist, wie
Sie es sich wünschen. Was stört Sie in Ihrem Leben? Was entspricht nicht
Ihren Vorstellungen?

2. Liste „Was ich mir wünsche"

Formulieren Sie zu jedem einzelnen Punkt der ersten Liste einen Wunsch.
Konkret: Welchen Wunsch hätten Sie, wenn dieser Druck, dieser Störfaktor
nicht wäre. Was würde Ihnen dabei helfen, den Druck umzuwandeln? Welche Wünsche ergeben sich aus dem konkreten Problem? Bitte formulieren
Sie, was Sie sich wünschen, nicht das, was Sie vermeiden wollen.

3. Ordnen Sie Ihre Wünsche zu

ICH – all die Wünsche, die sich auf Ihre persönliche Entwicklung beziehen.
Was möchten Sie erleben? Wie möchten Sie leben? Was sollen andere

über Sie denken? Wie wollen Sie wahrgenommen werden? Was trägt zu Ihrem geistigen und körperlichen Wohlbefinden bei? Welche Werte sind Ihnen besonders wichtig? Wo wollen Sie sich weiterentwickeln?

BEZIEHUNGEN – alle Wünsche, die Ihre privaten und beruflichen Beziehungen betreffen. Wie möchten Sie Beziehungen leben? Was gehört für Sie dazu? Wie stellen Sie sich Ihre Beziehungen mit Kollegen, Freunden, Eltern, Geschwistern, Bekannten, Kindern vor?

BERUF – alle Wünsche, die Sie in Bezug auf Ihre Arbeit/Ihren Beruf haben. Wollen Sie Karriere machen? Welche Unterstützung steht Ihnen zur Verfügung? Wofür wollen Sie Verantwortung übernehmen?

4. Ergänzen Sie Ihre Wunschliste

Sind bestimmte Bereiche überbewertet oder andere vernachlässigt? Ergeben sich aus dieser Perspektive noch weitere Wünsche?

_____

_____

_____

5. Was sind Sie bereit zu tun, damit Ihre Wünsche Wirklichkeit werden?

Mit welchem Wunsch wollen Sie anfangen? Welcher erfüllte Wunsch hätte den größten Effekt? Was wäre der erste Schritt, um diesen Wunsch Wirklichkeit werden zu lassen, der zweite, der dritte?

_____

_____

_____

LÖSEN SIE SICH
AUS DER FREMDBESTIMMUNG

Markieren Sie mit einem Seil oder mit einem dicken Wollfaden eine große Spirale auf dem Boden (Durchmesser etwa zwei Meter) und halten Sie sieben Zettel und einen Stift für Notizen bereit. Denken Sie nun an einen Herzenswunsch, dessen Verwirklichung Sie bis heute aufgeschoben haben (zum Beispiel »Ich möchte in Größe 38 passen«).

Beginnen Sie dem Verlauf der Spirale Schritt für Schritt zu folgen (Spirale, siehe Grafik Seite 57).

1. Schritt

Machen Sie sich das **VERHALTEN** bewusst, dass Sie bezüglich Ihres Wunsches unter Druck setzt. Was tun Sie konkret?
Schreiben Sie das auf den ersten Zettel und legen Sie ihn auf den Boden.

2. Schritt

Wie entsteht der Druck? Sehen Sie Bilder vor Ihrem inneren Auge, oder hören Sie eine Stimme, die Ihnen die **STRATEGIEN** diktiert, nach denen Sie handeln sollen?
Schreiben Sie das auf den zweiten Zettel und legen Sie ihn auf den Boden.

3. Schritt

Welches **GLAUBENSSYSTEM** führt zu diesem Druck?
Schreiben Sie dies auf den dritten Zettel und legen Sie ihn auf den Boden.

4. Schritt

Welchen **WERTEN** folgen Sie, wenn Sie diesen Druck spüren?
Schreiben Sie diese auf den vierten Zettel und legen Sie ihn auf den Boden.

5. Schritt

Stellen Sie sich vor, was Sie tun müssten, um diesen Druck für immer hinter sich zu lassen. Was ist Ihre VISION? Wie passt Ihr Wunsch zu Ihren VISIONEN?
Schreiben Sie das auf den fünften Zettel und legen Sie ihn auf den Boden.

6. Schritt

Welche MISSION verfolgen Sie? Was ist Ihr Ziel im Leben?
Schreiben Sie das auf den sechsten Zettel und legen Sie ihn auf den Boden.

7. Schritt: Traumreise zur Kraftquelle

Atmen Sie tief ein, schließen Sie Ihre Augen und stellen Sie sich einen wunderschönen Ort vor. Die Sonne scheint. Sie fühlen sich wohl und sehen Farben, die eine tiefe Ruhe in Ihnen auslösen. Lauschen Sie der Stille. Spüren Sie dem Gefühl nach, das sich in Ihnen ausbreitet. Legen Sie Ihre Hand dorthin, wo Sie dieses Gefühl am intensivsten spüren. Stellen Sie sich nun vor, wie sich dieses wundervolle Gefühl – Ihre Kraftquelle – vor Ihnen ausbreitet und den Weg auf Ihrer Spirale verändert – und mit ihm alles, was es zu verändern gilt.

Spüren Sie Ihre KRAFTQUELLE? Ist sie stark oder schwach?
Schreiben Sie das auf den siebten Zettel und legen Sie ihn auf den Boden.

Öffnen Sie jetzt Ihre Augen und gehen Sie Ihren Weg auf der Spirale zurück. Was hat sich verändert? Halten Sie an jeder Station inne. (Schreiben Sie die Veränderung auf die Rückseite jedes Zettels und legen Sie die Zettel – mit dem neuen Text nach oben – wieder auf den Boden.) Betrachten Sie nun die Zettel der Reihe nach. Was hat sich verändert? Beschreiben die neuen Schritte einen Weg in Richtung Selbstbestimmung?

An den »Stationen« MISSION, VISIONEN und WERTE können Sie mit Ihrem Körper testen, wo Ihr Unterbewusstes steht (siehe Übung Seite 25).

MOTIVATION WECKT INTUITION UND LEBEN

Wie ist das bei Ihnen? Was bringt Sie dazu, neue Ziele anzustreben? Was könnte Sie dazu motivieren, Ihre Träume zu leben? Reagieren Sie auf inneren Druck, oder fühlen Sie sich von innen heraus motiviert? Kennen Sie den Unterschied zwischen »total motiviert sein« und »sich jeden Tag erneut aufraffen zu müssen«?

Meist ist es eine Kombination aus innerem Druck und innerer Motivation, die Sie dabei unterstützt, Ihre Wünsche zu verwirklichen und Ihre Ziele zu erreichen. Wesentlich für das Ergebnis ist das Verhältnis zwischen Druck (innerer Antreiber) und Motivation (innerer Motivator). Überwiegt bei Ihnen der Druck, werden Sie also hauptsächlich von dem Glaubenssatz »Ich muss …« angetrieben? Oder motivieren Sie sich mit Glaubenssätzen, die mit den Worten »Ich kann …« und »Ich darf …« beginnen? Im letzteren Fall haben Sie Kraft, auf das zuzugehen, was Sie sich wünschen – Sie leben!

Der innere Antreiber

Menschen, die sich immer wieder überwinden, disziplinieren und antreiben müssen, um bestimmte Aufgaben zu bewältigen, brauchen sehr viel Kraft. Es ist ein gewaltiger Unterschied, ob Sie zur Arbeit gehen, weil Sie müssen, oder ob Sie hingehen, weil es Ihnen eine Freude ist.

Wer einen starken inneren Treiber in sich trägt, ist meist fremdbestimmt. Ursachen für innere Antreiber sind häufig versteckte Modelle, denen wir nacheifern – die aber nicht zu uns passen –, oder Menschen, deren Anerkennung uns wichtig ist. Das bleibt uns meist verborgen, sorgt aber dafür, dass wir funktionieren – bis es zur Krise kommt. Menschen, bei denen der innere Antreiber dominiert, wirken meist wenig authentisch. Was wir bei ihnen vermissen, ist Herzkraft *(siehe Seite 32–34)*.

Der innere Motivator

Ihren inneren Motivator können Sie spüren: Sie fühlen eine angenehme Anspannung, Sie freuen sich auf das, was kommt, und können es kaum erwarten, die ersten Schritte zu unternehmen.

Wenn Sie diese Fähigkeit aktivieren können, werden Sie unendlich viel Kraft entwickeln und immer zum richtigen Zeitpunkt wissen, was der nächste Schritt ist. Menschen, die sich von inneren Motivatoren bei der Verwirklichung ihrer Wünsche leiten lassen, handeln von innen nach außen. Häufig ist ihnen das nicht einmal bewusst. Aber sie besitzen die Überzeugung, alles in sich zu haben, was zum Erreichen ihrer Ziele notwendig ist.

Menschen, die aus sich selbst heraus motiviert sind, wirken authentisch, besitzen Ausstrahlung und haben unendlich viel Kraft. Sie können andere mitreißen. Man spürt, dass sie in ihrer Mitte sind und dass alles, was sie tun, von Herzen kommt.

Finden Sie Ihre inneren Motivatoren

Lassen Sie mich also zusammenfassen: Motivation weckt Ihre Intuition und bringt Sie dazu zu leben. Ein innerer Antreiber dagegen erstickt Ihre Intuition im Keim. Werden Sie hauptsächlich durch Druck angetrieben, führt Sie das früher oder später in die Krise. Sind Sie von ganzem Herzen motiviert, macht sich Begeisterung breit. Vergegenwärtigen Sie sich also noch einmal Ihre Wünsche: Von welchem Verhalten wollen Sie weg? Und was begeistert Sie so, dass es sich lohnt, jeden Morgen dafür aufzustehen?

SABOTAGEPROGRAMME
ENTLARVEN

Gibt es immer wieder Situationen, die Sie dazu bringen, zu funktionieren statt zu leben? Daran sind die Sabotageprogramme schuld, die jeder von uns in sich trägt und die uns dazu bringen, Dinge zu tun, die wir gar nicht tun wollen. Um sie zu deaktivieren, müssen wir sie zunächst identifizieren. Sie manifestieren sich in Gefühlen wie Peinlichkeit (»Ich schäme mich so!«), innerem Druck (»Ich muss …«, »Ich soll …«), Trauer, Hass, Rache (»Euch werd ich's zeigen!«), Angst (»Das schaff ich nie!«), Abhängigkeit (»Ohne … kann ich nicht«), Verzagtheit (»Ich bin es nicht wert«), Hysterie (»Sieht denn niemand, wie toll ich bin?«) oder auch Depression (»Ich spüre nichts«).

Saboteure entmachten

Sie können Ihre inneren Saboteure entmachten, sobald Sie bemerken, dass sich Druck in Ihnen aufbaut – ob in Alltagssituationen, am Arbeitsplatz, in der Beziehung zu Ihrem Partner oder zu Ihren Kindern. Also immer dann, wenn wieder mal alle »Knöpfe bei Ihnen gedrückt werden«, die Sie dazu bringen, in gewohnter Weise zu funktionieren. Die Übung rechts hilft Ihnen, Ihre inneren Sabotageprogramme unschädlich zu machen. Sobald Sie spüren, dass ein Saboteur aktiv wird, können Sie damit Ihr Unterbewusstes ansprechen und Ihren Zustand sofort verändern! Die Punkte in der Grafik markieren Klopfpunkte, die mit den Meridianen in Ihrem Körper verbunden sind. Diese blockieren, sobald Sie unangenehme Gefühle haben, wodurch ebenfalls der Zugang zu Ihrer Intuition verhindert wird – und die Blockade verstärkt sich noch mehr.

MIT DEN KLOPFPUNKTEN
SABOTEURE ENTMACHTEN

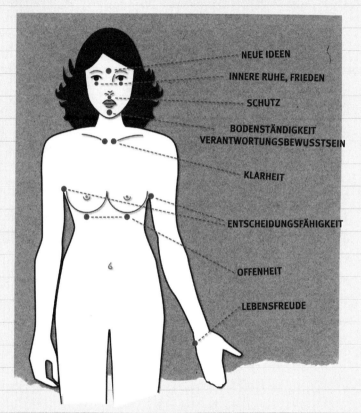

Erlauben Sie dem Gefühl, das Sie sabotiert, sich in Ihnen auszubreiten und stärker zu werden. Sagen Sie sich: »Ich habe die Erlaubnis ... zu fühlen!«, und klopfen Sie dabei für ein paar Sekunden auf die einzelnen Klopfpunkte (siehe Grafik). Beginnen Sie an der Stirn und schließen Sie mit dem Punkt für Lebensfreude ab. Sie werden fühlen, wann es Zeit ist, zum nächsten Punkt zu wandern. Gehen Sie die einzelnen Punkte so oft durch, bis Sie sich ausgeglichen fühlen.

So wecken Sie
Ihre Intuition

Jeder Mensch trägt eine einzigartige Welt in sich, die ihn zu einem Individuum macht. Diese Welt ist weder gut noch schlecht. Auch ist sie nicht der Grund, warum wir manchmal nicht weiterkommen. Was uns blockiert, sind die »Landkarten«, die wir von unserer inneren Welt gezeichnet haben. Alle Elemente auf diesen Karten sind von uns selbst angelegt worden – bewusst und unbewusst. Diese Landkarten beschreiben das, was wir glauben zu sein.

VON EINER REALITÄT UND VIELEN REALITÄTEN

Lernen Sie nun Ihre eigenen Landkarten kennen und finden Sie heraus, wo Ihre herausragenden Talente und Stärken liegen – in welchen Disziplinen Sie sozusagen olympiareif sind. Entdecken Sie den Weg zu dem, was Sie wirklich ausmacht. Fast automatisch entwickeln Sie so ein gesundes Bauchgefühl und eine gute Intuition.

Wenn ich in meinen Kursen von Bauchgefühl, Intuition oder Unterbewusstem spreche, dauert es meist nicht lang, bis ein Teilnehmer fragt:»Ja, aber es gibt doch auch die Realität. Was ist damit?« Für das, was Realität ist, findet man viele Erklärungen. Ein Mathematiker versteht unter Realität etwas ganz anderes als ein Philosoph, und ein Germanist würde sie völlig anders beschreiben als ein Psychologe, denn jeder hat eine ganz andere Perspektive. Aber wer hatte nun recht? Alle, denn das, was von den Spezialisten der verschiedenen Fachrichtungen beschrieben wird, ist das, was sie jeweils durch ihre spezifische Brille wahrnehmen. Das gilt auch für jeden einzelnen Menschen. Wir sind sehr unterschiedlich, und jeder tickt auf seine ganz eigene Weise. Daher haben wir, auch wenn wir das Gleiche erleben, völlig unterschiedliche Wahrnehmungen von Wirklichkeit. Denken Sie nur mal an Ihren letzten Familienausflug. Sind Sie sich sicher, dass alle Familienmitglieder dieselben Erinnerungen an dieses Ereignis haben? Fragen Sie einfach mal nach. Vielleicht gewinnen Sie bald den Eindruck, dass Einzelne auf einer ganz anderen Veranstaltung waren. Jeder hat eben seine ganz eigene Realität! Aufgrund ihrer Individualität und ihrer individuellen Wahrnehmung gehen alle Menschen ihren eigenen Weg. Auch Intuition funktioniert bei jedem Menschen anders: Denn unsere Intuition ist abhängig von unserer individuellen und subjektiven Realität und natürlich auch von dem Fokus, den wir nutzen, um sie wahrzunehmen.

Die Verwirklichung Ihrer inneren Wirklichkeit

Jeder von uns versucht, die Realität und Erlebtes auf seine Art zu verstehen. Viele Menschen haben sich mit »ihrer« Realität abgefunden – unabhängig davon ob sie ihnen gefällt oder nicht – nach dem Motto: »Das Leben ist nun mal so, wie es ist – mal gerecht, mal ungerecht.« Andere glauben, dass wir irgendwelchen Mächten ausgeliefert sind, die wir nicht verstehen und erst recht nicht beeinflussen können. Also finden sie sich damit ab und versuchen, das Beste aus ihrer Situation zu machen. Doch ist es wirklich so, und stimmt es, dass man nichts an der Realität ändern kann? Es geht also um die Frage: Ist meine Realität die einzig mögliche? Wenn nicht, kann ich sie ändern, und wenn ja, wie?

In unserem Unterbewussten sind nicht nur alle Erfahrungen gespeichert, die wir – beginnend mit unserer Zeugung – im Laufe des Lebens gemacht haben, sondern auch unsere Urprägung, unser Seinszustand. In jeder Situation entscheiden wir unterbewusst, aus welchem Bereich des Unterbewussten wir uns bedienen: dem Bereich unserer Erfahrungen oder dem unserer Urprägung.

Seit vielen Jahren begleite ich Menschen in ihrer Persönlichkeitsentwicklung und erlebe dabei immer wieder, wie sich Realitäten verändern können. Das Zaubermittel für diese Veränderung ist jedes Mal das gleiche: die Neugier darauf, etwas Neues zu entdecken, und die Bereitschaft, dieses Neue anzunehmen. Dieser Prozess der Veränderung beginnt bei meinen Seminarteilnehmern immer in ihrem Inneren – in ihrem Unterbewussten und bei ihren Gedanken. Eines steht deshalb für mich fest: Realität ist die Verwirklichung unserer inneren Wirklichkeit – und die gilt es zu entdecken! Erlauben Sie mir, gemeinsam mit Ihnen auf diese Reise in Ihr Inneres zu gehen – zu Ihrer Wirklichkeit.

Ihre Intuition wird Sie auf dieser Reise begleiten und führen. Schritt für Schritt werden Sie die einzelnen Puzzlesteine erkennen und betrachten, aus denen sich Ihr Leben und Ihre Realität zusammensetzten. Was Sie leben, ist die Reflexion dessen, was Ihre innere Wirklichkeit darstellt.

Ihre Realität prägt Ihre Intuition

In Ihrem Unterbewussten formen Sie Ihre Realität. Intuitiv schlagen Sie Wege ein, die Sie dazu führen, ganz bestimmte Erfahrungen zu machen, die wiederum Ihre individuelle Wahrnehmung der Realität stützen. Wenn Sie Ihren Alltag betrachten, dann haben Sie vielleicht den Eindruck, dass Sie zwar manches selbst gestalten, etwa Ihren persönlichen Tagesablauf, vieles aber auch geschieht, ohne dass Sie den geringsten Einfluss darauf haben. Genau diese Dinge dagegen haben großen Einfluss auf Sie: überraschende Anrufe, zufällige Begegnungen, plötzliche Einladungen, Störungen von außen, Bedürfnisse von Partnern, Hilfegesuche von Freunden. Nun könnte man daraus schließen, dass Sie diesen – scheinbar zufälligen – Ereignissen ausgeliefert sind. Doch dem ist nicht so.

Über die innere und die äußere Realität

Wir sind davon überzeugt, Einfluss darauf zu haben, was sich in unserem Inneren abspielt – was wir denken, wie wir fühlen, wie wir uns verhalten, also darauf, wer wir sind und wie wir sind –, doch alles, was außerhalb unseres Körpers geschieht, meinen wir nicht beeinflussen zu können. Gleichzeitig beobachten wir ganz genau, was um uns herum passiert. Dass bedeutet, wir leben in einem Bewusstseinszustand der Trennung: Auf der einen Seite stehen wir als Individuum, auf der anderen Seite befindet sich die Außenwelt.

Der Quantenphysiker Hans-Peter Dürr beschreibt diese Art der Wahrnehmung mit einem Beispiel aus dem modernen Büroalltag: Häufig betrachten wir unsere Realität so, wie wir den Ausdruck einer Datei beurteilen. Den Inhalt stellen wir nicht infrage, die Qualität des Ausdrucks jedoch schon. Gefällt uns diese nicht,

WIE ERZIEHUNG UND KULTUR
UNS PRÄGEN – IHR INNERES PROGRAMM

Das innere Programm, das unsere Realität beeinflusst, entwickeln wir bereits in früher Kindheit. In unserer Familie und von unseren Eltern lernen wir, was »falsch« und was »richtig« ist. Kleinen Kindern erscheinen ihre Eltern wie Götter: Sie können alles und haben immer recht! Was wir als Kinder erleben, empfinden wir als »normal« und »richtig« – und so speichern wir es in unserem Unterbewussten ab. Das Gleiche passiert auf kultureller und religiöser Ebene. Diese »Programmierung« sorgt einerseits für Sicherheit, andererseits ist sie eine der größten Herausforderungen, wenn Sie Ihr inneres Programm verändern wollen. Denn diese anerzogenen Wahrheiten nehmen wir als gegeben hin und hinterfragen sie nicht mehr. Auf diesem Fundament bauen wir dann unsere erwachsenen Wahrheiten und schaffen uns dadurch unsere Realität.

dann versuchen wir die Druckereinstellungen zu ändern, eventuell wechseln wir die Tintenpatronen aus oder legen anderes Papier ein. Vielleicht ist das Druckbild danach farblich brillanter, der Inhalt aber bleibt gleich. Die Korrektur findet also nur an der Oberfläche statt, inhaltlich bleibt alles beim Alten. Wirklich verändern würde sich jedoch nur dann etwas, wenn man das im Computer gespeicherte Dokument umarbeiten würde.

Sie können also Ihre Realität nicht dadurch ändern, dass Sie die äußeren Umstände korrigieren, sondern nur dadurch, dass Sie an sich selbst arbeiten! Der Umkehrschluss lautet demnach: Ihre innere Matrix beeinflusst die äußere Realität. Mit anderen Worten: Die Trennung zwischen »mir« als Mensch und dem, was in der Realität »da draußen« passiert, ist in den meisten Fällen eine Illusion.

DIE TRÜGERISCHE KOMFORTZONE

Die Regeln und Werte, die wir als Kinder gelernt und übernommen haben, sind uns selbstverständlich und geben uns Sicherheit, solange wir sie nicht infrage stellen. Es ist eine Art Komfortzone entstanden, in der wir uns gemütlich eingerichtet haben. Funktioniert das Leben in Ihrer Komfortzone, kommen Sie nur selten auf die Idee, etwas zu verändern. Es gibt im Grunde nur zwei Situationen, die Anlass dazu geben, uns aus dieser Zone herauszubewegen: verlockende Herausforderungen oder Krisen. Oft kommen die Anstöße, uns zu verändern, von außen. Manchmal entstehen sie aber auch in uns – aus unserem Unterbewussten heraus.

Bevor Sie jetzt weiterlesen, möchte ich Sie bitten, folgende Übung zu machen, die ich „Mein Außerirdischer" nenne. Nehmen Sie dazu einen Stift und ein Blatt Papier zur Hand und zeichnen Sie einen Außerirdischen. Es kommt überhaupt nicht darauf an, ob diese Zeichnung vor dem kritischen Auge eines Kunstliebhabers Bestand hätte, sondern nur darauf, dass Sie Ihrer Fantasie freien Lauf lassen. Was es mit dieser Übung auf sich hat, werden Sie auf Seite 75 erfahren.

Wann wir die Komfortzone verlassen

Ganz besonders groß ist die Bereitschaft, die Komfortzone zu verlassen, wenn man sich verliebt hat oder einen neuen Lebensabschnitt einläuten will: Weil man heiratet, ein Kind bekommt, ins erste Eigenheim einzieht oder einen neuen Job angenommen hat. Derart verlockende Herausforderungen nimmt man gerne an, auch wenn sie uns vielleicht zunächst verunsichern – weil wir manchmal ein wenig Angst vor der eigenen Courage haben. Diese Ereignisse begeistern, lassen uns über uns selbst hinauswachsen und geben viel Kraft. Allein der Gedanke daran vermittelt einem das Gefühl, zu wachsen und es einfach mit allem aufnehmen zu können. Wir sind neugierig auf das, was kommen wird, und wir sind sicher, nur gewinnen zu können, sei es auf der Gefühlsebene, an Ansehen oder wirtschaftlich.

Ein ganz anderes Motiv, die Komfortzone zu verlassen, ist die Krise. Manche Menschen kommen tatsächlich erst in Bewegung, wenn es gar nicht mehr anders geht – das liegt auch am inneren Programm *(siehe Seite 66)*. Vielleicht kennen Sie solche Situationen: Sie haben längst bemerkt, dass eine Entscheidung im Job oder in der Beziehungen fällig ist, aber Sie haben nicht den Mut, die ersten Schritte zu tun – bis es zur großen Krise kommt. Unsicherheit und Angst lähmen uns hier. Erst aus dem Gefühl der Trauer, der Wut, des Verletztseins oder der Peinlichkeit heraus geraten wir in Bewegung. Wünschenswert ist natürlich, die ersten Schritte einzuleiten, bevor diese starken negativen Gefühle von uns Besitz ergreifen.

Von weiblichen und männlichen Komfortzonen

Was wir Menschen unternehmen, um in unserer vermeintlich bequemeren Komfortzone verharren zu können, ist häufig auch vom Geschlecht abhängig: Frauen gehen eher in die Opferrolle, resignieren und halten sich in einem »Tal der Hoffnungslosigkeit« auf (»Als Frau habe ich sowieso nicht die gleichen Chancen wie ein Mann«). Bei Frauen wird es gesellschaftlich eher akzeptiert, dass sie sich zurückziehen und eine Pause einlegen. Diese Option wird Männern für gewöhnlich nicht zugestanden – also reagieren sie nicht selten mit einer veritablen Krankheit.

Die Komfortzone erweitern und neue Welten erobern

Egal was einen Menschen dazu veranlasst, seine Komfortzone zu verlassen: Das Ergebnis wird deren Erweiterung sein – und darin liegt eine große Chance *(siehe Grafik Seite 76)*. Wenn Sie aus Ihrer Komfortzone heraustreten, müssen Sie sich bewegen, alte Gewohnheiten verändern und sich auf Neues einlassen. In dieser Situation haben Sie die Möglichkeit, Ihrem Leben eine neue Richtung zu geben, es Ihrer inneren Welt anzupassen und es so umzugestalten, dass es Ihnen entspricht. Die neuen Erfahrungen, die Sie dabei machen, werden befreiend sein und zugleich Ihre Intuition erweitern – sogar wenn Sie Ihre Komfortzone unfreiwillig aufgegeben haben.

Es gibt also Situationen, die uns dazu bringen, unsere Komfortzone aus freien Stücken zu verlassen und Situation, die uns zu diesem Schritt zwingen. In beiden Fällen kommt es zu Veränderungen – alte Handlungsmuster funktionieren nicht mehr, wir müssen Dinge anders machen als bisher. Neue Verhaltensweisen können sich aber nur dann entwickeln, wenn wir unser Unterbewusstes in diesen Prozess integrieren.

Lassen Sie sich auf das Unbekannte ein

Schauen Sie sich nun den Außerirdischen an, den Sie gezeichnet haben *(siehe Übung Seite 73)*. Wie sieht er aus? Hat er einen Kopf, Beine, Arme, besitzt er Augen oder einen Mund? Haben Sie schon mal einen Außerirdischen gesehen? Wahrscheinlich nicht. Um diese Figur zu erfinden, mussten Sie also etwas völlig Neuartiges entstehen lassen. In gewisser Weise gehört eine große Portion Mut dazu, sich ein Wesen auszudenken, das seinesgleichen sucht. Und genauso verhält es sich auch, wenn Sie Ihrem Leben eine neue

ERWEITERTE KOMFORTZONE

NEUE ERFAHRUNG

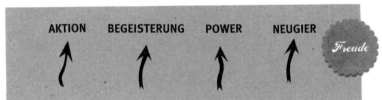

AKTION   BEGEISTERUNG   POWER   NEUGIER

Freude

Unsicherheit
Angst

HERAUSFORDERUNG

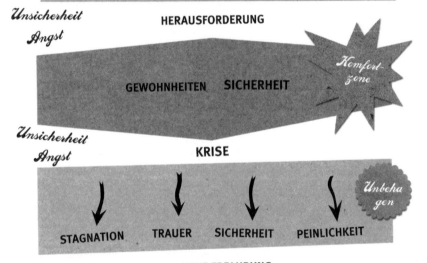

GEWOHNHEITEN   SICHERHEIT

Komfort-
zone

Unsicherheit
Angst

KRISE

STAGNATION   TRAUER   SICHERHEIT   PEINLICHKEIT

Unbeha-
gen

NEUE ERFAHRUNG

ERWEITERTE KOMFORTZONE

Verlockende Herausforderungen und erschütternde
Krisen bringen uns dazu, unsere sichere Komfortzone
zu verlassen. Die Belohnung: ein erweiterter Horizont!

Richtung geben, wenn Sie Ihre Komfortzone verlassen und auf alte Gewohnheiten verzichten. Sie wissen nicht, was Sie erwartet und wie es werden wird. Es geht darum, dass Sie Verantwortung für Ihr Leben übernehmen – und dazu brauchen Sie Mut, denn Sie werden nicht erfahren, was das Neue ist, bis Sie es ausprobiert haben. Nur wenn Sie den Sprung ins Ungewisse wagen, können Sie neue Erfahrungen machen, und nur so wird sich etwas verändern.

Ihr Unterbewusstes wird Sie dabei unterstützen, ein neues Denken zu entwickeln, das zu einem neuen Handeln führt. Das können Sie trainieren und automatisieren, sodass es in Fleisch und Blut übergeht. Denn erst wenn Sie das Neue ganz automatisch, quasi unterbewusst, tun – wenn Sie beispielsweise in einer bestimmten Situation anders reagieren, als sie das bis jetzt immer getan haben –, dann wird sich die Situation auch ganz anders auflösen, als sie das bisher gewohnt waren. Wie das geht, erfahren Sie in diesem und im folgenden Kapitel.

ACHTEN SIE AUF IHRE GEDANKEN

Wenn ich mich mit Menschen unterhalte und sie mir von bestimmten Erlebnissen oder Ereignissen in ihrem Leben erzählen, habe ich nicht selten den Eindruck, dass sie sich von den Dingen, die ihnen passiert sind, abgrenzen. Auf der einen Seite steht der Mensch als Subjekt, auf der anderen die Außenwelt – und beide haben scheinbar gar nichts miteinander zu tun. Vielleicht fragen Sie sich ja manchmal »Warum passiert ausgerechnet mir das?«, wenn sich ein bestimmtes negatives Ereignis wiederholt. Oder ist Ihnen vielleicht gelegentlich schon der Gedanke gekommen, dass da ein Zusammenhang bestehen könnte?

Wenn Sie die Dinge, die Ihnen geschehen, als getrennt von sich betrachten, können Sie das, was Sie erleben, auch nicht beeinflussen – geschweige denn verändern. Also wechseln Sie einmal Ihre Perspektive: Stellen Sie sich vor, dass das, was Ihnen widerfährt, die Resonanz Ihres Unterbewussten ist. Hätten Sie dann nicht die Möglichkeit, durch die Veränderung in Ihrem Innern das zu verändern, was Sie »draußen« erleben?

Was ich damit meine, möchte ich Ihnen mit folgendem Beispiel verdeutlichen: Susanne war Single, als sie zu mir kam. Sie klagte darüber, dass sie immer wieder an den gleichen Typ Mann geraten würde. Jedes Mal, wenn sie begann, sich intensiv auf die Beziehung einzulassen, und sie aus der Romanze eine sichere Beziehungskiste machen wollte, wurde sie von ihrem Partner verlassen. Warum nur? Für Susanne war Beziehung mit *Status* gekoppelt – und so versuchte sie dieses Muster in Beziehungen umzusetzen. Sie wollte immer ganz schnell heiraten. Erst nachdem sie diese innere Struktur erkannt hatte und auch *Freiheit* mit Beziehung koppeln konnte, lernte sie den Partner kennen, der gerne bei ihr ist und sie liebt.

Ihre Gedanken leiten Sie

Die Begegnung mit einem kleinen Mädchen hat mir die Kraft der Gedanken noch auf eine ganz andere Weise verdeutlicht: An einem heißen Sommertag – ich war mit einer Freundin auf einer ausgedehnten Bergtour – schloss sich uns eine junge Familie mit ihrer vierjährigen Tochter Lara an. Ich hatte mich erst kürzlich von meinem Mann getrennt und war von den Gedanken an die Trennung noch recht mitgenommen, doch die kleine Lara begann schnell, mich in ihren Bann zu ziehen und abzulenken. Sie lief vor, kam zurück, erzählte Geschichten, hüpfte nebenbei, während ich

Gedanken

Achte auf deine Gedanken,
denn sie werden deine Worte.

Achte auf deine Worte,
denn sie werden deine Handlungen.

Achte auf deine Handlungen,
denn sie werden deine Gewohnheiten.

Achte auf deine Gewohnheiten,
denn sie werden dein Charakter.

Achte auf deinen Charakter,
denn er wird dein Schicksal.

Aus dem Talmud

mit meiner mangelhaften Kondition kämpfte und immer wieder von meinen traurigen Gedanken heimgesucht wurde. Erstaunlich, dachte ich, diese Bergtour ist sehr lang und anstrengend, aber die Kleine hat keine Probleme, mitzuhalten und mich nebenbei noch auf das Köstlichste zu unterhalten. Schließlich fragte ich sie: »Lara, wie machst du das nur? Du hast so viel Energie: Wir stolpern hier den Berg hinauf, und du hüpfst leichtfüßig bergauf und kannst dabei sogar noch Geschichten erzählen?« Die Kleine strahlte mich an und sagte: »Es ist gar nicht schwer. Du musst einfach sagen:

›Lieber Gott, gibt mir Kraft!‹ – schon läuft es.« Ich schaute sie an und fragte: »Und woher weiß ich, dass der liebe Gott meine Bitte überhaupt hört?« Da verblüffte sie mich mit ihrer Antwort: »Wenn du denkst, dass du etwas haben willst, dann nur deshalb, weil du in dir drin schon längst weißt, wie es gehen kann. Der liebe Gott macht also nur möglich, dass du die Dinge machst, die du sowieso schon kannst.«

Sie sind verantwortlich für Ihre Realität

Ich war beeindruckt von so viel Weisheit. Die kleine Lara hatte etwas begriffen, was ganz unabhängig von Religion und Glauben sehr wichtig ist. Sie werden Dinge dann erleben und erfahren, wenn Sie tief in Ihrem Inneren eine Ahnung davon haben, dass das, was Sie sich wünschen, wirklich möglich ist, und Sie das Vertrauen oder das Gefühl haben, dass es geschehen kann. Das gilt im Positiven ebenso wie im Negativen. Wenn Sie fest von etwas überzeugt sind und daran glauben, dass es passieren wird, werden Sie unterbewusst alles tun, damit diese Überzeugung bestätigt wird.

In dem Moment, wenn Sie zutiefst an etwas glauben, werden Ressourcen in Ihrem Unterbewussten angezapft, wodurch Sie in der Außenwelt selektiv wahrnehmen, was Sie in Ihrem Inneren bereits fühlen. Oder anders ausgedrückt: Ihre bewusste Wahrnehmung entscheidet, welchem Ereignis Sie welche Bedeutung geben und ob es einen positiven oder negativen Einfluss auf Ihre Realität haben wird. Das heißt im Klartext: Wenn Sie in Ihr Unterbewusstes vordringen können und Ihre unterbewussten Wünsche erkennen, können Sie sich selbst Ihre Realität erschaffen.

Schauen Sie mit dem Herzen und Sie werden Dinge wahrnehmen, von denen Sie bisher noch gar nicht wussten, dass es sie gibt – Ihre Perspektive wird weiter, und neue Möglichkeiten tun sich für Sie auf.

WIE IHRE WAHRNEHMUNG
IHR HANDELN BEEINFLUSST

Indem Sie die Blockaden auflösen, die Ihre Wahrnehmungssysteme daran hindern, für Sie zu arbeiten, bekommen Sie Zugang zu Ihrer Intuition, Ihrem Bauchgefühl! Lernen Sie jetzt, wie und wann »Ihr Bauch« funktioniert und was ihn beeinflusst. Lernen Sie dadurch, wie Sie sich die Realität, die Sie leben wollen und die Ihnen entspricht, selbst schaffen können. Als Erstes werden Sie herausfinden, wie Ihre Wahrnehmungssysteme funktionieren, was Sie am besten beherrschen und wie Sie Ihr Repertoire erweitern können, sodass Sie einen besseren Zugang zu Ihrem Unterbewussten bekommen. So erreichen Sie noch mehr Gestaltungsmöglichkeiten in Ihrem Leben.

So nehmen Sie die Dinge wahr

Alles was Sie wahrnehmen (sehen, hören, fühlen, riechen, schmecken), registrieren Sie über Ihre fünf Sinne. Mit deren Hilfe verarbeiten Sie Impulse von außen – etwa Gespräche, Stimmungen oder eine Atmosphäre –, aber auch solche, die von Ihrem Körper produziert werden wie Müdigkeit, Hunger oder Lust auf Bewegung. All diese Impulse finden ihre Repräsentation in Ihrem Unterbewussten. Da der Mensch über fünf Sinne verfügt, unterscheidet man auch fünf Wahrnehmungssysteme:

- ✩ visuelles System (Sehen, Bilder, Filme usw.)
- ✩ auditives System (Klänge, Töne, Geräusche, Lärm usw.)
- ✩ kinästhetisches System (Fühlen, Bewegung, Spüren usw.)
- ✩ olfaktorisches System (Gerüche, Düfte, Gestank usw.)
- ✩ gustatorisches System (Geschmäcker: süß, bitter usw.)

Die Wahrnehmungssysteme sind bei jedem Menschen ganz individuell ausgeprägt. Je nachdem, wie sie jeweils gewichtet sind und wie intensiv sie zusammenarbeiten, entstehen unsere Gedanken. Die gleiche Situation kann also bei verschiedenen Menschen ganz andere Reaktionen hervorrufen.

Erst durch die Art der Bewertung entstehen Gedanken

Wahrnehmung an sich ist völlig neutral. Sie sehen zum Beispiel ein altes Auto. Dieses ist zunächst nur da. Erst aufgrund Ihrer Erfahrungen, Ihrer Werte und aufgrund dessen, was Sie als »richtig« oder »falsch«, »gut« oder »schlecht« einstufen, beginnen Sie das Wahrgenommene zu bewerten. Und erst durch die Art Ihrer Bewertung entstehen Ihre Gedanken, die positiv sein können oder negativ – das hängt ganz von Ihnen ab. Vielleicht denken Sie: »Toll, mit so einem Flitzer möchte ich mal über die Alpen fahren«, weil Sie ein Oldtimerfan sind. Vielleicht denken Sie aber auch: »Diese Kiste hat nicht mal einen Katalysator und stinkt«, weil Sie sich um die Umwelt sorgen.

Gedanken erzeugen immer Gefühle

Erst die Gedanken erzeugen Gefühle, und es hängt von den Gedanken ab, ob es positive oder negative sind. Was für Gefühle wird wohl unser Oldtimerfan haben und welche der Umweltschützer? Positive Gefühle machen ausgeglichen und glücklich, negative unzufrieden und traurig – doch beide gehören zu unserem Leben. Denn wenn es uns immer gut gehen würde, gäbe es keine Entwicklung. Wären wir zufrieden gewesen, als wir noch in Höhlen lebten und uns am Feuer wärmten, würden wir heute nicht in Häusern mit Zentralheizung wohnen, keine Designerklamotten tragen und keine Museen bauen. Wir brauchen beide Extreme – sowohl positive als auch negative Gefühle, um Veränderungen in Gang zu

DER WEG VON DER
WAHRNEHMUNG ZUR HANDLUNG

1. Zuallererst nehmen Sie etwas wahr: Sie sehen, hören, riechen, schmecken, fühlen oder spüren.

2. Durch die Art Ihrer Bewertung entstehen anschließend Gedanken.

3. Die Art Ihrer Gedanken (positiv oder negativ) erzeugt entsprechende Gefühle.

4. Erst diese Gefühle lösen Ihre Handlungen aus.

Ihre Handlungsmuster bei positiven Gefühlen oder Gedanken unterscheiden sich diametral von denen bei negativen Voraussetzungen. Deshalb liegt hier ein Schlüssel für die Veränderung Ihres Lebens!

setzen. Bedeutend ist in diesem Zusammenhang, dass negative Gefühle zur Ausschüttung von Stresshormonen führen und positive zur Ausschüttung von Glückshormonen. Beide Hormonkomplexe sorgen dafür, dass wir in zwei völlig verschiedene Gefühlswelten eintauchen, die uns zu den unterschiedlichsten Handlungen veranlassen – je nachdem.

Gefühle führen zu Handlungen

Bei negativen Gefühlen kennt Ihr Gehirn nur drei Reaktionen: Kampf, Starre oder Flucht! Entweder fangen Sie an, gegen sich selbst oder mit anderen zu kämpfen, oder Sie warten ab und geraten in einen Zustand völliger Stagnation. Dann sind Sie unfähig, auch nur die kleinste Entscheidung zu treffen, denn Sie haben in dem Moment keine Referenzen darüber, was Ihnen guttäte und was nicht. Die dritte Möglichkeit ist der Rückzug – Sie werden

BEWERTEN UND ENTSCHEIDEN
NACH GEFÜHL

1. Machen Sie sich bewusst, was Sie in einer bestimmten Situation denken. Halten Sie inne und fragen Sie sich: »Was habe ich gerade gedacht?«

2. Überlegen Sie sich nun ganz bewusst, was es in dieser Situation noch für Möglichkeiten gibt. Überprüfen Sie also die Art Ihrer Bewertung und denken über die Alternativen nach. Stellen Sie sich dazu folgende Frage: »Wenn alles möglich wäre, was gäbe es an alternativen Szenarien?«

3. Durch neue Möglichkeiten entstehen neue Bewertungen, andere Gedanken und dadurch auch andere Gefühle. Fragen Sie sich jeweils: »Was empfinde ich jetzt.«

4. Durch das Innehalten und Einbeziehen anderer Möglichkeiten wird die bisherige Automatik durchbrochen. Plötzlich gibt es mehrere Lösungswege. Schreiben Sie jede Möglichkeit auf einen Zettel und legen Sie alle Zettel anschließend vor sich auf den Boden. Stellen Sie sich der Reihe nach auf jeden und fragen Sie sich: »Wo habe ich ein gutes Gefühl. Was erfüllt mich mit Freude.«

Erinnern Sie sich an die Übung im ersten Kapitel auf Seite 25? Mit dem »Intuitionsdetektor« konnten Sie überprüfen, ob Ihr Unterbewusstes wirklich »mitmacht« oder nicht. Dadurch, dass Sie sich bewusst machen, welche Möglichkeit sich gut anfühlt, ersparen Sie Ihrem Unterbewussten eine Menge Arbeit – denn Sie werden die richtige Entscheidung treffen.

unangreifbar. In diesem Fall ziehen Sie imaginäre Schutzmauern um sich hoch, die aber auch verhindern, dass Sie bemerken, wann die Gefahr vorüber ist, und dass positive Gefühle Sie erreichen.

Wenn sich positive Gedanken in Ihnen ausbreiten, entsteht ein Gefühl von Fülle, Glück und innerem Reichtum, das Sie auch körperlich spüren können. Positiv gestimmte Menschen besitzen außerdem eine unwiderstehliche Ausstrahlung. In diesem Zustand sind Sie ganz nahe an Ihrer Intuition. Sie wissen unwillkürlich, wie Sie auf Menschen zugehen können, und Sie unternehmen automatisch die richtigen Schritte zum richtigen Zeitpunkt.

Die Intensität der Gefühle beeinflussen

Natürlich wäre es wünschenswert, so oft wie möglich in diesem positiven Zustand zu sein. Übrigens: Die höchste Intensität von Gefühlen – egal ob positiv oder negativ – erleben Sie dann, wenn alle Wahrnehmungssysteme auf Hochtouren zusammenarbeiten. Man nennt das auch die Synergie der Wahrnehmungssysteme. Bei Synergien verstärkt sich die Intensität der Gefühle. Und Sie können lernen, diese zu erhöhen oder abzumildern – je nachdem, was besser für Sie ist. Denn Sie haben die Freiheit zu denken, was Sie wollen. Niemand kann Sie daran hindern, Gedanken, die Sie belasten, gegen Gedanken zu tauschen, die Ihnen guttun und mit denen Sie sich wohlfühlen.

Lassen Sie uns dazu Schritt für Schritt vorgehen. Finden Sie mit dem nachfolgenden Test *(siehe Seite 86–87)* zunächst heraus, in welchem Wahrnehmungssystem Sie hauptsächlich »zu Hause« sind. In dem Wahrnehmungssystem, das bei Ihnen dominiert, liegen Ihre ganz persönlichen Stärken, und in diesen Stärken sind Sie unschlagbar. Sie werden bemerken, dass bei diesem Test nur zwischen drei Wahrnehmungssystemen unterschieden wird – visuell, auditiv und kinästhetisch. Das hat einen ganz einfachen Grund: Das olfaktorische und gustatorische System werden dem kinästhetischen zugeordnet, da sie bei den meisten Menschen eine untergeordnete Rolle spielen.

WELCHES IST IHR BEVORZUGTES
WAHRNEHMUNGSSYSTEM?

Zu wissen, welches Ihr bevorzugtes Wahrnehmungssystem ist, verbessert Ihre Kommunikationsfähigkeiten. Sie verstehen sich selbst und Ihre Mitmenschen dadurch einfach besser!

1. Was ist Ihnen im Leben wichtiger?
- **a** Konkrete Dinge und Ziele,
- **b** Gespräche und Austausch,
- **c** Gefühle und Genuss.

2. Wie verbringen Sie am liebsten Ihre Freizeit?
- **a** Ich gehe ins Kino oder lese.
- **b** Ich gehe ins Konzert, höre Musik oder genieße einfach die Ruhe.
- **c** Ich mache Sport, kann aber auch mal richtig schön faul sein.

3. Was zeichnet Ihren schönsten Urlaub aus?
- **a** Ich habe viel Neues gesehen und unzählige Fotos gemacht.
- **b** Es war sehr ruhig. Ich genoss die Stille und die Natur.
- **c** Ich habe unglaublich viel erlebt und war sehr aktiv.

4. Was fällt Ihnen an einem interessanten Menschen als Erstes auf?
- **a** Wie er aussieht und was er anhat.
- **b** Die Stimme und was er zu sagen hat.
- **c** Wie er sich gibt, sich bewegt. Ich fühle mich wohl bei ihm.

5. Wenn etwas Neues im Unternehmen eingeführt wird ...
- **a** ... schaue ich mir das erst einmal in Ruhe an.
- **b** ... lasse ich mir alles genau erklären.
- **c** ... probiere ich es einfach aus.

6. Wie informieren Sie sich über ein neues Thema?

a Ich lese Fachzeitschriften und recherchiere im Internet.

b Ich frage Leute, die sich auskennen.

c Ich versuche, eigene Erfahrungen zu sammeln.

7. Können Sie sich Neues allein durch Zuhören merken?

a Nein, ich muss es auch geschrieben sehen.

b Ja, sehr gut sogar. Ich kann es auch wörtlich wiedergeben.

c Nein, ich schreibe grundsätzlich mit, das hilft mir.

8. Wie halten Sie am liebsten Kontakt zu Ihren Freunden?

a Ich schreibe und lese gerne Briefe, E-Mails und SMS.

b Ich rufe sie an, denn ich möchte ihre Stimmen hören.

c Nur wenn ich sie treffe, weiß ich, wie es ihnen geht.

9. Sie halten einen Vortrag, was trifft auf Sie zu?

a Ich erarbeite eine Präsentation mit Bildern und Tabellen.

b Ich rede frei und gern auch mal länger.

c Ich schreibe mir wichtige Punkte auf Karteikarten und brauche immer einen Stift oder etwas in der Hand zum Spielen.

10. Wie lösten Sie in der Vergangenheit knifflige Probleme?

a Meistens sehe ich die Lösung einfach vor mir.

b Ich denke intensiv über verschiedene Möglichkeiten nach.

c Ich probiere verschiedene Lösungswege aus.

Wo haben Sie die meisten Kreuze gemacht? Der Buchstabe, den Sie am häufigsten angekreuzt haben, zeigt Ihnen, in welchem Wahrnehmungssystem Sie vornehmlich zu Hause sind. Hier besitzen Sie Ihre absoluten Stärken (mehr dazu ab Seite 93).

visuell = a   auditiv = b   kinästhetisch = c

WAHRNEHMUNGSSYSTEME AN DER KÖRPERSPRACHE ERKENNEN

Besonders in unseren Beziehungen handeln wir intuitiv, ohne dass es uns bewusst ist: indem wir uns für einen Weg entscheiden, uns dazu bekennen und diesen Weg dann gehen.

Maria, eine meiner Kursteilnehmerinnen, hatte ständig Auseinandersetzungen mit Ihrer Mutter, obwohl beide Frauen sich eigentlich lieben. Immer wenn Mutter und Tochter sich trafen, krachte es. Eines Tages entschied sich Maria, ihrer Mutter zu erzählen, wie es um sie stand, denn sie wollte ihr endlich ihre neue Freundin vorstellen. Nachdem die Mutter die beiden Frauen begrüßt hatte, sagte sie zu ihrer Tochter: »Maria, ich weiß nicht, womit du diesmal ankommst, was so dringend ist. Doch egal was es ist, es geht dir gut damit, und egal was du mir erzählen wirst, ich weiß, dass du damit glücklich wirst!« Als Maria ihrer Mutter erzählte, dass sie eine Frau liebe, schluckte diese zunächst, denn das hatte sie nicht erwartet, aber sie sagte: »Kind, wenn es für dich stimmt, hast du meine volle Unterstützung!«, und klang dabei überzeugt.

Was war passiert? Woher wusste die Mutter intuitiv, dass ihre Tochter das gefunden hatte, was sie wirklich glücklich machte?

Die nonverbale Kommunikation

Wenn wir etwas erzählen, gibt es immer zwei Ebenen, auf denen die Kommunikation abläuft: die verbale – Worte – und die nonverbale – die Körpersprache. Wenn sich Gedanken in Ihrem Kopf formen und Gefühle in Ihrem Körper ausbreiten, drücken sie sich in Ihrer Körperhaltung bereits aus, noch bevor Sie anfangen zu reden. Wenn Ihre Worte dann mit Ihrer Körperhaltung übereinstimmen, wirken

Sie authentisch und absolut überzeugend. Einige Kommunikationswissenschaftler gehen davon aus, dass von dem, was wir kommunizieren, mehr als 90 Prozent über die nonverbale Ebene abläuft. Die Regie übernehmen dabei unsere Wahrnehmungssysteme, deren Strukturen bei jedem Menschen vorhanden sind. Was uns unterscheidet und zu Individuen macht, ist im Prinzip die unendlich große Zahl an unterschiedlichen Arten, wie diese Strukturen beziehungsweise Wahrnehmungsprogramme zusammenarbeiten.

Diese Systeme sind in unsere Körpersprache einprogrammiert. An ihr sowie anhand der Augenmuster eines Menschen können Sie feststellen, in welchem Wahrnehmungssystem er sich befindet. Wenn Sie gut drauf sind, stellen Sie sich intuitiv auf das Wahrnehmungssystem Ihres Gegenübers ein. In Stresssituationen oder bei Auseinandersetzungen gelingt es vielen Menschen jedoch nur selten, die gleiche Sprache zu sprechen.

Was die Augen verraten

Menschen bewegen sich beim Reden: Sie benutzen ihre Hände und schauen in bestimmte Richtungen. Jeder Mensch besitzt einen ganz individuellen Zugang zu seiner Intuition und zu den Informationen, die ihn zu intuitiven Entscheidungen führen. Dabei nutzen sie ihre Wahrnehmungssysteme, um zu ihren Informationen zu gelangen – und wie sie das tun, erkennen Sie an ihrer Körpersprache.

Wenn Menschen sich unterhalten oder nachdenken, neigen sie dazu, die Augen zu bewegen. Diese Bewegungen sind nicht zufällig, sondern hängen mit der Art und Weise zusammen, wie sie ihre Erinnerungen gespeichert haben. Manche Menschen tun das in Form von Bilden, andere als Töne oder als Gefühl, wieder andere als Geruch oder als Geschmack – je nach Wahrnehmungstyp.

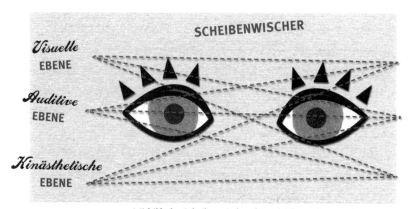

Mithilfe der Scheibenwischerübung (siehe rechte Seite)
können Sie Blockaden lösen, die aufgrund negativer
Erfahrungen in den Wahrnehmungssystemen vorhanden sind.

Menschen, die ihre Augen nach oben richten und zur Decke schauen, rufen ihre Erinnerungen über Bilder ab. Wer seine Augen in der waagerechten nach rechts und links hin und her bewegt, der findet den Zugang zu seinen Erinnerungen über Töne, Geräusche oder Stimmen, also auditiv. Richten Menschen ihre Augen nach unten rechts, dann liegt der Zugang zu den Erinnerungen beim inneren Gefühl. Nach unten links sind die Augen gerichtet, wenn der Zugang über den inneren Dialog führt *(siehe Bild Seite 92)*.

Auch die Augenbewegungen nach rechts und links haben eine Aussage. Die meisten Menschen holen ihre Informationen aus der Vergangenheit durch einen Blick nach links ab (von dem Menschen aus gesehen, der die Augenbewegung ausführt). Wenn sie an Dinge denken, die in der Zukunft liegen, blicken sie nach rechts.

Wenn alle drei Hauptwahrnehmungskanäle gleichzeitig aktiv sind, erfolgt ein »gerader Blick« nach vorne, und man spricht von Synergie. Synergie bedeutet also, dass alle drei Wahrnehmungskanäle zusammenarbeiten. Wenn all Ihre Wahrnehmungssysteme miteinander aktiv sind, entsteht eine starke Intensität, denn dann

SCHEIBENWISCHER –
LÖSEN SIE IHRE BLOCKADEN

Die Übung ist abgeleitet aus der EMDR (Eye Movement Desensitization and Reprocessing) und dient dazu, unterbewussten Stress und unerwünschte Synergien aufzulösen, Wahrnehmungssysteme einzuschalten und letztendlich neue, positive Synergien zu schaffen (siehe Grafik links).

1. Vergegenwärtigen Sie sich zunächst das unangenehme Gefühl, das Sie immer wieder daran hindert, das zu tun, was Sie gerne tun würden.

2. Bewegen Sie nun eine Hand vor Ihrem Gesicht hin und her – auf Höhe der visuellen Ebene, etwas oberhalb der Augenbrauen (siehe Seite 92). Folgen Sie für ungefähr zehn Sekunden der Hand mit Ihren Augen – nur Ihre Augen sind aktiv. Ihr Kopf bewegt sich dabei nicht.

3. Bewegen Sie Ihre Hand nun auf Augenhöhe hin und her – also auf der auditiven Ebene – und folgen Sie ihr mit Ihren Augen etwa zehn Sekunden.

4. Wie fühlt sich das an? Hat sich Ihr Gefühl verändert? Was macht Ihre Atmung? Was ist anders?

5. Wiederholen Sie nun Schritt 2 und 3 und führen Sie die Scheibenwischerübung anschließend noch auf der kinästhetischen Ebene aus (siehe Seite 92) – also unterhalb Ihrer Augenpartie.

6. Gehen Sie noch einmal in sich. Was fühlen Sie? Was macht Ihre Atmung? Spüren Sie die Veränderung?

7. Variieren Sie die Scheibenwischerübung nun einfach nach Gefühl, aber immer jeweils auf visueller, auditiver und kinästhetischer Ebene.

8. Wiederholen Sie diesen Vorgang so lang, bis das Gefühl ein wohliges bis neutrales geworden ist. Nach drei bis vier Durchgängen spüren die meisten Menschen eine sehr starke Veränderung.

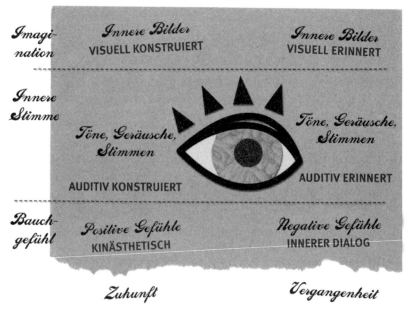

*Je nachdem wo jemand hinschaut, können Sie erkennen,
in welchem Wahrnehmungssystem er zu Hause ist.*

haben Sie innere Bilder, gleichzeitig hören Sie Ihre innere Stimme oder andere Klänge, die zu der Situation passen, und Sie spüren das entsprechende Gefühl ganz intensiv.

Deswegen ist es wünschenswert, dass Sie Synergien dort verstärken, wo positive Gefühle gelebt werden, und sie dort entkoppeln, wo negative Gefühle vorhanden sind. Durch das Entkoppeln wird die Intensität des emotionalen Zustands abgemildert.

Ich weiß nicht, ob Sie schon mal ein weinendes Baby im Arm gehalten haben? Die meisten Erwachsenen versuchen das Baby intuitiv mit einer Rassel zu beruhigen. Damit das Kleine hinschaut, halten sie die Rassel knapp über den Kopf des Babys. Meist hört es dann auf zu weinen – wenigstens für den Moment. Was ist passiert? Ganz einfach: Das auditive und kinästhetische

Wahrnehmungssystem wurde vom visuellen Wahrnehmungssystem entkoppelt. Ein anderes Beispiel: Sie können versuchen, ein Bild so neutral wie möglich zu betrachten. Wenn es Ihnen gelingt, fühlen Sie nichts. Warum? Sie haben sich von der Situation dissoziiert, das heißt, die Sachebene von Ihrer Gefühlsebene getrennt.

Die Körpersprachen der Wahrnehmungstypen

Es gibt Menschen, die die Qualität eines Kinofilms nach der Anzahl der Taschentücher beurteilen, die sie verbraucht haben, andere müssen von der Story berührt werden, und wieder andere urteilen hauptsächlich aufgrund der Bilder und Szenen.

Die Körpersprache des visuellen Typus

Menschen, die sich eher im visuellen System ausdrücken, wirken sehr ruhig und bewegen ihren Körper kaum. Sie scheinen sich voll im Griff zu haben und bewahren immer Haltung. Wenn sie gestikulieren, führen sie ihre Hände eher nach oben. Der Blick ist ebenfalls dorthin gerichtet, so als ob sie die Antworten auf alle Fragen in den Wolken fänden. Sie erinnern sich durch verinnerlichte Bilder, und sie imaginieren durch innere Bilder: Denken sie an Vergangenes, geht ihr Blick nach links oben, malen sie sich ein Ereignis in der Zukunft aus oder in der Theorie, dann richtet sich ihr Blick nach rechts oben. Denken sie nach, suchen sie nach Bildern. Visuell veranlagte Menschen haben dann ein gutes Bauchgefühl, wenn sie innere Bilder zu einem Thema sehen. Durch diese gelangen sie ganz selbstverständlich zu ihrer Intuition. Seine Stärken hat der visuelle Typ – ein Stratege – eher in der Dissoziation: Er behält immer den Überblick, kann sehr gut strukturieren und den Rahmen für Menschen schaffen, die keinen Überblick haben.

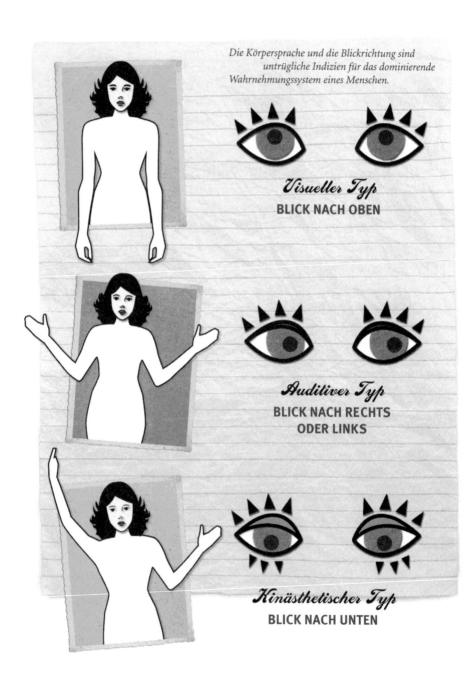

Die Körpersprache und die Blickrichtung sind untrügliche Indizien für das dominierende Wahrnehmungssystem eines Menschen.

Visueller Typ
BLICK NACH OBEN

Auditiver Typ
BLICK NACH RECHTS ODER LINKS

Kinästhetischer Typ
BLICK NACH UNTEN

Besonders in Führungspositionen, wo Überblick und strategische Planung gefragt sind, werden Sie viele visuelle Menschen finden.

Die Körpersprache des auditiven Typus

Auditive Menschen erkennen Sie an ihren geschmeidigen, symmetrischen Bewegungen. Häufig wiegen sie ihren Körper hin und her, so als ob sie einer inneren Melodie folgen würden. Während sie reden, bewegen sie ihre Hände meist auf Höhe des Kopfes, manchmal wie zwei Waagschalen. Wenn auditive Menschen erzählen und ihr Wissen oder ihre Erinnerung abrufen, wandern ihre Augen von rechts nach links hin und her. Sie bewegen sich im Rhythmus ihrer Sprache – tippen mit dem Fuß im Takt und atmen harmonisch ein und aus. Diese Menschen horchen in sich hinein, suchen nach dem, was gesagt wurde, nach ihrer inneren Stimme und nach Geräuschen und Klängen, um an ihre Erinnerungen und an ihre Intuition zu gelangen. Sie haben ein gutes Gehör und ein exzellentes Gedächtnis für alles auditive, was aber nicht zwangsläufig bedeutet, dass sie auch gute Zuhörer sind. Dazu gehört neben dem Zuhören nämlich die Fähigkeit, innere Bilder zu erzeugen, und vor allem eine emphatische Vorgehensweise.

Die Körpersprache des Kinästheten

Menschen, die ihre Informationen eher im kinästhetischen Bereich gespeichert haben, blicken Richtung Boden und überprüfen so, wie es ihnen mit dem Gefühl geht, dass sie dadurch »gefunden« haben. Wenn Kinästheten nach rechts unten schauen, haben sie ganz sicher ein positives Gefühl. So können sie sich spüren und erinnern sich an etwas Angenehmes, oder sie haben ein positives Gefühl in Bezug auf ein Ereignis, das in der Zukunft liegt. Blicken Kinästheten dagegen nach links unten, befinden sie sich in einem inneren Dialog, der meistens nicht mit positiven Gefühlen besetzt ist. Wenn Sie mit einem Kinästheten über ein negatives Thema sprechen, wird sein Blick nach unten links wandern. Trifft ein Kinästhet einen Menschen wieder, hat er ein genaues Gespür für diese Person, gekoppelt an die Erfahrung, die er mit ihr gemacht hat. Die Bewegungsmuster des Kinästethen sind asymmetrisch. Er ist häufig etwas tollpatschig, und man bemerkt immer, wenn er einen Raum betritt. Um sich zu spüren, brauchen diese Menschen Bewegung – nur so können sie überprüfen, ob etwas für sie stimmt oder nicht. Kinästheten sind oft sehr, sehr empathisch und können sich gut in andere Menschen und Situationen hineinversetzen. Klar, dass viele Sportler unter ihnen zu finden sind. Wegen ihrer großen empathischen Begabung ergreifen sie häufig auch helfende Berufe.

Entwickeln Sie Ihre Wahrnehmungssysteme

Wenn Menschen gezwungen werden, Erinnerungen oder Gelerntes in einem Wahrnehmungssystem abzurufen, das nicht ihrer natürlichen Veranlagung entspricht, werden sie große Schwierigkeiten damit haben. Ein Beispiel: Wenn ein »visuelles« Kind in die Luft schaut, um nach der Lösung für eine Rechenaufgabe zu suchen, die Mutter es aber auffordert: »Schau in dein Heft«, wird das Kind aus seinem Ressourcenzustand herausgerissen und keinen Zugang zur Lösung der Aufgabe finden.

Jeder Mensch hat also ein bevorzugtes Wahrnehmungssystem, in dem er sehr stark ist. Die anderen wirken jedoch unterstützend. Um aus vollem Herzen leben zu können, müssen Sie zunächst erkennen, in welchem System Sie zu Hause sind und wo Ihre Stärken liegen *(siehe Test Seite 86–87).* Anschließend gilt es Ihre Stärken zu festigen und die Blockaden zu lösen, die den Zugang zu den

anderen Wahrnehmungssystemen verhindern *(siehe Seite 158–165)*.
So entstehen Möglichkeiten, eingefahrene Situationen zu entkrampfen und alternative Handlungsmuster zu finden. Auch die Qualität und die Art, wie Sie Beziehungen leben, wird sich verändern.

Sie können sich und anderen nichts vormachen

Wussten Sie schon, dass die ersten 30 Sekunden einer Begegnung mit einem fremden Menschen darüber entscheiden, ob diese Beziehung eine Zukunft hat? Sicher kennen Sie das: Sie treffen einen Menschen zum ersten Mal und haben sofort ein Gefühl – und das trügt Sie in den seltensten Fällen. Vielleicht denken Sie zunächst: »Gib ihm eine Chance. Er wird schon nicht so übel sein!« Doch das ist der Kopf. Ihr Bauch hat schon längst sein Urteil gefällt, denn er hat alle nonverbalen Informationen, die von dieser Person ausgehen, innerhalb von Sekunden erfasst.

Das bedeutet im Umkehrschluss, dass Sie niemandem mit Worten etwas vorgaukeln können, denn das Unterbewusste Ihres Gegenübers hat schon längst erfasst, was eigentlich los ist. Wenn Sie traurig sind, jedoch auf die Frage, wie es Ihnen geht, antworten: »Wunderbar, ich kann nicht klagen!«, wird der Fragesteller mit Sicherheit das Gefühl haben, dass irgendwas nicht stimmt.

Je mehr Wahrnehmungssysteme Ihnen zur Verfügung stehen, desto größer ist Ihre Fähigkeit, auf unterschiedlichsten Ebenen mit anderen Menschen zu kommunizieren, in Beziehung zu treten und in Kontakt zu bleiben.

Passen Ihre verbalen und Ihre nonverbalen Signale zusammen, werden Sie als authentisch und echt wahrgenommen – man spricht dann von Kongruenz. Lesen Sie nun, wie Sie den Wahrnehmungstyp an der Sprache erkennen können. Denn wenn Sie das wissen, können Sie leichter kommunizieren.

WAHRNEHMUNGSSYSTEME AN DEN WORTEN ERKENNEN

Um sich selbst einordnen zu können, aber auch damit Sie bewusst lernen, sich einzufühlen, ist es hilfreich, die verschiedenen Wahrnehmungstypen zu erkennen. Möglich ist das anhand ihrer Sprache. Zur Erinnerung: Das gesprochene Wort macht maximal zehn Prozent der Informationsvermittlung beziehungsweise Informationsverarbeitung aus – da ist also viel Raum für Ihre intuitive Wahrnehmung.

Was Worte uns sagen können

Mit manchen Menschen können Sie sich wunderbar unterhalten. Sie verstehen sich einfach. Bei anderen werden Sie das Gefühl nicht los, dass Sie immer aneinander vorbeireden. Dieser Eindruck hängt einzig und allein von den Wahrnehmungssystemen der Gesprächspartner ab und davon, wie diese aufeinander abgestimmt sind.

In Talkshows kämpfen zwei Teilnehmer manchmal stundenlang mit Worten, nur um festzustellen, dass sie eigentlich derselben Meinung sind. Wie oft streiten Sie mit jemandem, geraten in eine Verteidigungshaltung und meinen sich für etwas rechtfertigen zu müssen – mit dem einzigen Ergebnis, dass sich die Fronten verhärten und eine unangenehme Atmosphäre geschaffen wurde? All das kann vermieden werden, wenn Sie das Wahrnehmungssystem Ihres Gesprächspartners erkennen und sich darauf einstellen.

Verstehen ist nur ein Gefühl

Die Wahrnehmungssysteme finden in unserer Sprache ihre Entsprechung und werden daher auch Repräsentationssysteme

genannt. Wenn wir im gleichen Repräsentationssystem kommunizieren, reden wir oft davon, dass wir die gleiche Sprache sprechen,
und fühlen uns verstanden. Verstehen allerdings ist »nur« ein Gefühl und wird dadurch erzeugt, dass Sie und Ihr Gesprächspartner
beispielsweise hinsichtlich Ihrer inneren Bilder große Übereinstimmungen aufweisen *(siehe Seite 129–130)*.

Um einem Gesprächspartner in seiner Welt begegnen zu
können, ist es wichtig, sein dominantes Wahrnehmungssystem
zu erkennen. So ist es möglich, sich mit ihm auf gleicher Ebene
zu bewegen, einen fruchtbaren Dialog zu beginnen und vielleicht
den Anfang einer guten Beziehung einzuläuten. Sie haben bereits
erfahren, dass die Körpersprache und die Augenbewegungsmuster
Aufschluss über das dominante Wahrnehmungssystem geben *(siehe
Seite 88–97)*. Eine weitere Möglichkeit ist, ganz genau hinzuhören.

Die »Sprüche« der Wahrnehmungsstypen

Um herauszufinden, wie ein Mensch »tickt« und welches Wahrnehmungssystem bei ihm vorherrscht, hilft es, genau auf die Worte,
Sprichworte, Idiome und Metaphern zu hören, die er benutzt. Sie
verweisen auch auf seine Glaubenssätze und seine Werte.

Wenn ich beobachte, wie meine Seminarteilnehmer den Reprä-
sentationssystemen die entsprechenden Begriffe zuordnen – indem
sie diese unter das jeweilige System auf ein Blatt Papier schreiben –,
kann ich bereits erkennen, welches Wahrnehmungssystem bei den
einzelnen Teilnehmern dominiert. Denn in dem, wo sie jeweils zu
Hause sind, entlehnen sie die meisten Begriffe. Aus den Repräsenta-
tionssystemen dagegen, die nachgeordnet sind, verwenden sie nur
schwer Beispiele. Je nach bevorzugtem Wahrnehmungskanal lernen
wir verstärkt Worte und Begriffe aus dem visuellen, auditiven oder

kinästhetischen Bereich zu verwenden. Im folgenden Text und den Kästen finden Sie Hinweise, wie Sie die unterschiedlichen Repräsentationssysteme anhand der Sprache erkennen können, sowie eine Reihe von äußerst anschaulichen Beispielen aus dem Wortschatz der einzelnen Repräsentationssysteme.

So erkennen Sie den visuellen Typ an seiner Sprache

Ihre Freundin sagt zu ihrem Sohn:»Sei doch nicht so *blauäugig* zu glauben, dass der Lehrer *Bauklötze staunen* wird, wenn du ihm das erzählst. Er wird sich schon *ein Bild gemacht* haben von deiner Faulheit.« Ganz klar: Sie ist ein visueller Typ.

SÄTZE AUS DEM VISUELLEN WORTSCHATZ

- Ich sehe den Wald vor lauter Bäumen nicht.
- Das ist doch sonnenklar!
- Ich muss mir erst ein Bild von der Sache machen.
- Das Leben ist bunt.
- Er sieht alles durch die rosarote Brille.
- Es war ein Feuerwerk der Gefühle.
- Lichtblicke der Liebe.
- Das sieht ja aus wie gemalt.
- Ich habe noch einen Berg Arbeit vor mir.
- Die beiden sind sich nicht grün.
- Er ist auf keinen grünen Zweig gekommen.
- Ich sehe Licht am Ende des Tunnels.
- Sie ist wieder mal auf Wolke sieben.
- Sie sitzt in einem schwarzen Loch
- Ich habe das Ziel schon vor Augen.
- Er hat gute Absichten.
- Ich sehe Rot.
- Das läuft wie ein Film vor dem inneren Auge ab.
- Wenn Blicke töten könnten ...

So erkennen Sie den auditiven Typ an der Sprache

»Also, mir *klingt* das alles viel zu pessimistisch. Der Autor hat *den Ton doch genau getroffen.* Und ohne, dass ich einem von euch n*ach dem Munde rede,* würde ich das gerne noch mal *abstimmen,* bevor wir das Projekt einfach *sang- und klanglos* aufgeben.«

So erkennen Sie den kinästhetischen Typ an der Sprache

»Dein *Standpunkt* ist mir noch nicht klar. Michaels Meinung scheint mir *unumstößlich,* da ist wohl nicht mehr dran zu *rütteln.* Wir sollten uns *der Tatsache stellen,* dass wir *einen Schritt nach vorne machen,* und dennoch nichts *übers Knie brechen.*«

SÄTZE AUS DEM AUDITIVEN WORTSCHATZ

- Das pfeifen schon die Spatzen von den Dächern.
- Dein Vorschlag hört sich gut an.
- Macht nicht so viel Lärm um nichts.
- Das klingt wie Musik in meinen Ohren.
- Heute klingelt es in der Kasse.
- Sie hört das Gras wachsen.
- Ich tanze bestimmt nicht nach deiner Pfeife.
- Immer musst du die erste Geige spielen.

SÄTZE AUS DEM KINÄSTHETISCHEN WORTSCHATZ

- Jetzt habe ich aber die Nase voll.
- Da bekommt man ja eine Gänsehaut.
- Der kann sich warm anziehen.
- Endlich ist bei dir der Knoten geplatzt.
- Die Sache ist mir zu heiß.
- Da lief mir ein kalter Schauer über den Rücken.
- Er zeigte mir die kalte Schulter.

WIE »TICKEN« IHRE WAHRNEHMUNGSSYSTEME
IN POSITIVEN UND NEGATIVEN SITUATIONEN?

Stellen Sie sich, so intensiv wie möglich, eine positive Situation vor und beantworten Sie die Fragen zu den einzelnen Wahrnehmungskanälen, bezogen auf diese Situation. Anschließend spielen Sie das Ganze mit einer negativen Situation durch. Schreiben Sie sich die Antworten auf. Nehmen Sie dazu zwei Blätter Papier, eines für die positiven und eines für die negativen Situationen.

Sinn	Kanal	Fragenkatalog
Sehen	visuell	• Ist es hell oder dunkel? • Ist es bunt oder schwarz-weiß? • Welche Farbe dominiert? • Ist es ein Film oder ein Bild? • Ist es glänzend oder matt? • Sehen Sie sich selbst in dem Bild oder nur die Dinge, die um Sie herum passieren? • Ist es nah oder fern? • Hat es einen begrenzten Rahmen? • Was sehen Sie noch?
Hören	auditiv	• Ist es laut oder leise, vielleicht still? • Gibt es einen bestimmten Rhythmus? • Welche Geräusche hören Sie? • Wie ist die Stimme? • Ist das, was Sie hören, hoch oder tief? • Gibt es eine bestimmte Melodie, Musik? • Geräusche aus der Natur? • Sind die Geräusche angenehm oder nicht? • Sind es vielleicht Maschinengeräusche?

Sinn	Kanal	Fragenkatalog
Spüren	kinesthätisch	• Sind in der Situation Bewegungen? • Was spüren Sie? • Ist es fließend, prickelnd, kribbelnd, entspannt, spannend, fesselnd? • Ist es schnell oder langsam? • Warm oder kalt? • Ist es lebendig oder dumpf? • Offen oder geschlossen? • Weit oder eng? • Gibt es weitere Dinge, die die Situation beschreiben?
Riechen	olfaktorisch	• Riechen Sie etwas, und wenn ja, was? • Ist es ein künstlicher Duft oder einer aus der Natur? • Ein bestimmtes Parfum? • Körpergerüche? • Sind diese Gerüche eher leicht oder schwer? • Riecht es angenehm oder unangenehm?
Schmecken	gustatorisch	• Schmecken Sie etwas? • Ist es süß, bitter, salzig, scharf, sauer? • Ist der Geschmack angenehm oder eher unangenehm?

Sie werden bemerken, dass Sie in der positiven Situation andere Dinge wahrnehmen als in der negativen. Wo sind diese Unterschiede am deutlichsten? Nutzen Sie die stärksten Unterschiede aus der Positivliste, um negative Situationen zu verändern (siehe Übung Seite 106).

ÖFFNEN SIE IHRE WAHRNEHMUNGS-KANÄLE UND SOMIT IHR HERZ

Was ich Ihnen bis jetzt über die unterschiedlichen Ausdrucksweisen erzählt habe, war Ihnen sicher nicht neu – aber war es Ihnen auch bewusst? Sie kennen wahrscheinlich all diese Redewendungen – und vielleicht noch viele mehr. Sie gehören zu unserer Alltagssprache. Doch jetzt erfahren Sie, dass Sie diese Sätze und das »Lesen der Körpersprache« nutzen können, um Ihr Leben und Ihre Beziehungen

WAHRNEHMUNGSSYSTEME ERKENNEN LERNEN

Trainieren Sie nun Ihr Wissen in der Praxis. Was verraten Ihnen die Körpersprache und die Mimik? Was können Sie der Wortwahl entnehmen?

Schritt eins: Im Straßencafé
Setzen Sie sich in ein Café und beobachten Sie die anderen Gäste und die Bedienungen aus der Distanz. Wie bewegen sie sich, was machen ihre Augen? Welche Muster fallen Ihnen auf, wenn die Personen miteinander reden? Wenn Sie den Inhalt der Gespräche nicht mithören können – umso besser, dann fällt das Erkennung der Wahrnehmungssysteme leichter.

Schritt zwei: Spiegeln im Dialog
Filtern Sie in den folgenden Tagen die visuellen Begriffe aus einem Dialog, oder die auditiven, oder die kinästhetischen – je nachdem, wie Ihr Gesprächspartner »tickt«. Sobald Sie sein Wahrnehmungssystem erkannt haben, antworten Sie ihm in seinem Muster. Beginnen Sie beispielsweise mit »Ich sehe schon ...« bei visuellen Typen, »Ich höre schon ...« bei auditiven Typen oder »Ich spüre ...« bei kinästetischen Typen.

lebendiger zu gestalten und zu verändern. Lernen Sie zunächst, die Wahrnehmungssysteme zuverlässig zu erkennen und zuzuordnen. Erkennen heißt aber noch nicht, dass Sie die Wahrnehmungsmuster bereits nutzen können. Dazu gehört Training. Die nebenstehenden Übungen *(siehe Seite 104)* werden Ihnen helfen, anhand der Körpersprache die Wahrnehmungssysteme zu erkennen und durch Spiegelung in einen fruchtbaren Dialog mit anderen Menschen einzutreten.

Welche Wahrnehmungssysteme bei Ihnen in positiven und negativen Situationen »arbeiten«, haben Sie auf Seite 102 und 103 festgestellt. Aktivieren Sie Ihre Herzkraft in negativen Situationen *(siehe Übung auf dieser Seite)* und lernen Sie anschließend, wie Sie sie durch positive Gefühle verändern können *(siehe Übung Seite 106)*.

AKTIVIEREN SIE
IHRE HERZKRAFT

Gerade in heiklen Situationen hilft es, die Herzkraft zu aktivieren:

Wenn Sie sich unbehaglich fühlen, dann machen Sie eine Pause! Manchmal reicht es, sich einfach zurückzulehnen und tief einzuatmen, oder Sie gehen kurz aus der Situation raus. Führen Sie sich in dieser Pause das Gefühl vor Augen, das Sie ändern wollen. Stellen Sie sich vor, wie sich all Ihre positiven Eigenschaften im Raum ausbreiten. Dadurch finden Sie den Zugang zu Ihrem Herzen, aktivieren Ihre Herzkraft und können mittels Ihrer Herzenergie das Gefühl verändern. Jetzt können Sie zum Beispiel einer unangenehmen Diskussion eine neutrale bis konstruktive Wendung geben – allein dadurch, dass Sie bei sich etwas verändert haben. Der Vorteil? Sie sind jetzt unabhängiger von dem, was andere behaupten. Das nenne ich Freiheit!

NEGATIVE SITUATIONEN DURCH
POSITIVE GEFÜHLE VERÄNDERN

Wenn Sie gerade positiv empfinden, spüren Sie eine sehr große Kraft.
Diese werden Sie jetzt einsetzen, um unangenehme Gefühle zu verändern.

1. Stellen Sie zwei Stühle so in den Raum, dass es für Sie stimmig ist.

2. Setzten Sie sich auf Stuhl Nr. 1 und stellen Sie sich eine sehr schöne
Situation vor (etwa ein Urlaubserlebnis). Wer ist beteiligt? Welche Bilder
entstehen in Ihnen? Hören Sie Geräusche oder Musik? Gibt es Gerüche?
Wo spüren Sie dieses angenehme Gefühl? Atmen Sie tief ein und lassen
Sie dieses Gefühl noch intensiver werden. Legen Sie Ihre Hand auf die
Stelle Ihres Körpers, an der Sie das Gefühl am intensivsten spüren.

3. Setzen Sie sich nun auf Stuhl Nr. 2. Stellen Sie sich eine unangenehme
Situation vor. Wer ist beteiligt? Welche Bilder entstehen in Ihnen? Hören
Sie Geräusche, riecht es? Wo spüren Sie dieses unangenehme Gefühl?

4. Schütteln Sie das unangenehme Gefühl ab. Setzen Sie sich wieder auf
Stuhl Nr. 1. und stellen Sie sich vor, dass die angenehmen Erinnerungen
und Bilder, die Sie hier gesehen haben, zu Stuhl Nr. 2 hinüberwandern.

5. Setzen Sie sich nun wieder auf Stuhl Nr. 2. Finden Sie nicht auch, dass
es sich schon viel besser anfühlt, dort zu sitzen?

6. Gehen Sie noch mal zurück auf Stuhl Nr. 1. Lassen Sie die positive
Situation vor Ihrem inneren Augen auftauchen und die mit ihr verbunde-
nen Geräusche, Bewegungen und Gefühle auf Stuhl Nr. 2 hinüberwandern.

7. Setzen Sie sich erneut auf Stuhl Nr. 2. Legen Sie Ihre Hand an die
Stelle Ihres Körpers, wo Sie die positive Situation zuvor am intensivsten
gespürt haben – und nehmen Sie wahr, was jetzt alles anders ist.

8. Merken Sie es? Es ist neutral? Es tangiert Sie nicht mehr? Unter Umständen wissen Sie sogar, was Sie in Zukunft anders machen können.

Lesen Sie erst ab Seite 108 erst weiter, nachdem Sie alle Übungen mindestens einmal gemacht und verinnerlicht haben. Wenn Sie Ihre Kenntnisse darüber hinaus in Ihrem Alltag anwenden, umso besser.

Der erste Schritt zu Ihrer Intuition ist gemacht

Herzlichen Glückwunsch! Jetzt sind Sie Ihrer Intuition schon einen großen Schritt näher gekommen: Sie haben Ihre Wahrnehmungssysteme entdeckt. Es ist praktisch so, als hätten Sie die Antennen Ihrer Intuition von Rost befreit. Nun können Sie alle Signale von außen und von innen deutlich empfangen. Sie werden schnell merken: Plötzlich läuft alles leichter! Wenn Sie gelernt haben, Ihre Herzkraft zu aktivieren, werden viele Probleme sehr klein, und Menschen, die sie bisher ärgern konnten, schaffen das nun nicht mehr. Je stärker Ihre Intuition ist, desto handlungsfähiger werden Sie. Ihr Ärger wird nicht mehr im Vordergrund stehen, und Sie können sich und Ihr Bauchgefühl deutlich wahrnehmen. Ist Ihr Bauchgefühl nicht mehr überlagert, werden Sie eine intensive Verbindung mit allem spüren, was um Sie herum ist – auch das ist Intuition.

Nutzen Sie Ihre Potenziale

Wenn Ihre Wahrnehmungssysteme offen und frei sind, werden Sie intuitiv Prioritäten setzen und das Richtige tun – nämlich das, was Ihnen guttut. Ihre Potenziale kommen ans Licht. Sie werden Ihre Mitmenschen nicht nur auf eine völlig andere Art wahrnehmen als bisher, sondern auch ganz anders ansprechen. Wenn alle Ihre Wahrnehmungskanäle offen sind, können Sie nämlich auch Menschen erreichen, deren eigene Kanäle teilweise verschlossen sind – wie, das wird Ihnen dann Ihre Intuition sagen.

ERKENNEN SIE DIE
MUSTER DER PERSÖNLICHKEIT

Folgende Situation: Sie sind eingeladen und werden den Gästen, die Sie noch nicht kennen, vorgestellt. Sie kommen ins Gespräch, öffnen sich und erzählen aus Ihrem Leben und von Ihrem Alltag. Plötzlich erklärt Ihnen einer Ihrer »neuen« Bekannten, wie Sie bestimmte Dinge besser machen könnten. Ein anderer sagt Ihnen ins Gesicht, dass er Ihre Ansichten nicht teilt. Der nächste grinst und reißt einen – Ihrer Meinung nach – völlig unpassenden Witz. Wieder ein anderer lehnt sich unbeteiligt zurück, und der fünfte sieht Sie mit großen Augen an, in denen Sie 1000 Fragezeichen sehen. Im Raum herrscht unerträgliche Spannung. Solche Situationen sind alltäglich, sie können in der Familie, am Arbeitsplatz und überall dort vorkommen, wo Sie mit Menschen zu tun haben.

Verblüffend ist, dass Sie immer wieder in ähnliche Situationen geraten – und immer wieder an den gleichen Typ Mensch. Doch woran liegt das – an Ihnen, an einer anderen Person, an Ihrer Stimmung, an Ihrer Ausstrahlung, an der Gruppendynamik –, woran?

Ein sehr anschauliches Beispiel ist die Partnerwahl. Nach jeder Trennung lernt Ihre Freundin einen neuen Mann kennen, der dem alten gleicht wie ein Zwilling? Und macht dann die gleichen Erfahrungen wie mit seinem Vorgänger? Den Partner zu wechseln, das allein bringt nicht unbedingt den gewünschten Effekt, denn wenn Sie sich nicht verändern, werden Sie immer wieder auf den gleichen Typus treffen. Der Grund: In einem bestimmten Bereich ist jeder sehr stark, und das wirkt auf die Menschen anziehend, die genau dort ihre Schwächen haben – und umgekehrt. Aufgrund Ihrer Stärke-Schwäche-Konstellation entwickeln Sie ein bestimmtes Muster und ziehen gegensätzliche Muster an.

Persönlichkeitsmuster liegen auf den Genen

Mit Ihrer Zeugung wurden Ihnen all Ihre genetischen Anlagen in die Wiege gelegt. Bereits als kleines Baby waren Sie eine einzigartige Persönlichkeit mit Stärken und Schwächen. Aufgrund Ihres sozialen Umfelds, Ihrer familiären Situation, Ihrer Erziehung, des Kulturkreises, in dem Sie aufgewachsen sind, konnten Sie Ihre Anlagen und Talente weiterentwickeln. Vor allem Ihre Stärken haben Sie im Laufe Ihres Lebens und Ihrer Erfahrungen immer weiter verbessert – bis zur Olympiareife! Vielleicht wissen Sie genau, wie Sie sich bei anderen beliebt machen, wie Sie Ihrer Meinung Gehör verschaffen und wie Sie andere Menschen überreden können? Vielleicht erkennen Sie mit Sicherheit, wann Sie beim Gegenüber keine Lorbeeren ernten können? Vielleicht werden Sie mit manchen Menschen einfach nicht warm, weil diese Sie bevormunden, kein gutes Haar an Ihnen lassen, sich immer lustig machen, sich aus unerklärlichen Gründen zurückziehen oder Ihnen ständig am Rockzipfel hängen? Im Laufe Ihres Lebens entwickeln Sie Verhaltensmuster, die Ihre Persönlichkeit beziehungsweise Ihre Stärke-Schwäche-Bilanz prägen. Sie werden gleich verstehen, was gemeint ist.

Erkennen Sie sich wieder?

Wenn es irgendwo ein Problem gibt, sind Sie dann eher ein Besserwisser oder heben anklagend den Zeigefinger, versuchen Sie der Situation mit Humor beizukommen wie ein Clown, spielen Sie den Unnahbaren oder suchen nach Hilfe wie ein Kleinkind?

Und wie verhalten Sie sich, wenn alles seinen gewohnten Gang geht? Der »Besserwisser« übernimmt gern die Führung, steht allen jederzeit mit Rat und Tat zur Seite und findet auf alles eine Antwort, selbst wenn nicht nach seiner Meinung gefragt wird. Den

»Ankläger« zeichnen sein Durchsetzungsvermögen und seine Zähigkeit aus, wobei es ihm schwerfällt, andere Meinungen gelten zu lassen, und er bisweilen sehr impulsiv reagiert. Der »Clown« trägt durch sein sonniges Gemüt und seine witzigen Sprüchen sehr zur guten Stimmung bei, doch fehlt ihm manchmal der nötige Tiefgang. Der »Unnahbare« steht nicht gern im Mittelpunkt, bewahrt immer die Ruhe und wirkt durch seine distanzierte Art auf manche Menschen arrogant. Als graue Eminenz im Hintergrund ist er ein guter Beobachter und Analyst. Das Kleinkindmuster ist mit einem ausgeprägten Harmoniebedürfnis verbunden. Es besticht durch seine Lebenslust und Offenheit, doch wenn es überfordert ist, hofft es auf den großen Retter und flüchtet gern in die Opferrolle.

So wie jedes Muster seine positiven Seiten hat, so vorteilhaft ist es auch, dass möglichst alle Muster mit ihren Stärken in einer Gruppe vorhanden sind und dass jeder von uns alle fünf in sich trägt und entwickelt. Doch finden Sie zunächst heraus, welches Muster bei Ihnen dominiert *(siehe Test Seite 111).*

Tipp

Lernen von anderen

Wenn Sie in allen Mustern zu Hause sind, besitzen Sie viele Möglichkeiten. Sie ruhen in sich und sind glücklich, so wie Sie sind. Es bedeutet auch, dass Sie nicht unbedingt einen Menschen brauchen, der Sie ergänzt. Sie selbst können für Ihr Glück sorgen. Wenn Sie dagegen merken, dass Sie sich häufig von dem gleichen Typ Mensch angezogen fühlen, fragen Sie sich: »Was hat dieser Mensch, was ich so attraktiv finde und bewundere? Habe ich das auch? Was will ich tun, um das zu erlernen?«

IN WELCHEM PERSÖNLICHKEITSMUSTER
HABEN SIE IHRE GROSSEN STÄRKEN?

Streichen Sie die Aussage an, die am ehesten auf Sie zutrifft:

1. Welche dieser Dinge sind Ihnen wichtiger als andere?

   a Beziehungen und Spaß

   b Gerechtigkeit und Hintergründe

   c Kompetenz und Überblick

   d Objektivität und Klarheit

   e Anerkennung und Ruhm

2. Wenn ein neuer Kollege in mein Team kommt ...

   a ... gehe ich auf ihn zu und lade ihn zum Essen ein.

   b ... warte ich ab und beobachte, wie sich die Sache entwickelt.

   c ... gebe ich ihm bereitwillig Einblick in das, was läuft.

   d ... warte ich darauf, das er auf mich zukommt.

   e ... mache ich auflockernde Bemerkungen in seiner Gegenwart.

3. Was machen Sie davon am liebsten?

   a Mit Freunden zu Hause kochen, feiern oder spielen.

   b Ich gehe gerne alleine zum Sport oder in die Natur.

   c Ich reise gerne und lerne neue Kulturen kennen.

   d Ich bastle gerne, verfolge mein Hobby oder vertiefe mich in etwas.

   e Am liebsten gehe ich mit Freunden aus.

4. Wie sieht Ihr Traumurlaub aus?

   a Ich habe eine schöne Zeit mit Menschen, die mir wichtig sind.

   b Ich mache Sport, komme an meine Grenzen, kann mich erfahren.

   c Ich kann möglichst viel von einem Land sehen und lernen.

   d Ich kann die Natur erleben und meine Unabhängigkeit genießen.

   e Ich kann in Luxus schwelgen und mich so richtig gut erholen.

5. Wenn ich ein Projekt federführend leite, ist mir wichtig, dass …

a … sich alle Teammitglieder gut verstehen.

b … alles nach Plan und fehlerfrei abläuft.

c … ich den Überblick über das Projekt und die Ziele behalte.

d … die Details stimmen. Darum kümmere ich mich.

e … ich die Präsentation perfekt über die Bühne bekomme.

6. Was ist Ihnen beim Einrichten einer neuen Wohnung wichtig?

a Das weiß ich erst, wenn ich in der Wohnung wohne.
Alles ergibt sich dann nach und nach.

b Sie soll praktisch, funktionell und übersichtlich sein.

c Ich messe und plane ganz exakt. Fehlkäufe ausgeschlossen.

d Dekoration und Lichtgestaltung sind ganz mein Ding.

e Die Einzugsparty soll ein rauschendes Fest werden.

7. Was beschreibt eine für Sie ideale Partnerschaft am besten?

a Wir haben viel Spaß und viele gemeinsame Erlebnisse.

b Die Rollen und Aufgaben sind klar verteilt.

c Wir übernehmen gemeinsam Verantwortung.

d Wir sind tolerant und lassen uns gegenseitig viel Freiraum.

e Wir haben viele Freunde, sind gesellig und viel unterwegs.

8. Wenn etwas Neues im Unternehmen eingeführt wird …

a … bin ich neugierig und probiere es sofort aus.

b … bin ich skeptisch. Ist das wirklich nötig? Bringt das was?

c … akzeptiere ich es, mache aber Verbesserungsvorschläge.

d … nehme ich es zur Kenntniss und warte erst mal ab,
ob es sich auch in der Praxis bewährt.

e … mache ich erst mal ein paar ironische Bemerkungen.

9. Welche Aussage zum Thema Verantwortung passt zu Ihnen?

a Ich bin immer erleichtert, wenn es nicht zu viel ist.

b Ich weiß immer genau, wer für was verantwortlich ist.

c Ich fühle mich oft für alles verantwortlich.

d Ich erledige zuverlässig, was ich zugesagt habe.

e Ich bin gerne derjenige, der die Kommunikation nach außen übernimmt.

10. Welche Aussage zum Thema Kreativität trifft auf Sie eher zu?

a Ich spiele und probiere, so entsteht immer was Spannendes.

b Das überlasse ich den Kreativen.

c Ich sorge für Richtung und Struktur, dann kann Kreativität sich sinnvoll und zielgerichtet entfalten.

d Beim Sport oder in der Natur kommen mir die besten Ideen.

e Ich organisiere ein Treffen aller Beteiligten, moderiere einen Kreativprozess und bin inspiriert.

11. Wie beschreiben Sie den Kontakt zu Ihren Freunden?

a Eng, verbunden, am besten täglich, wenn auch nur kurz.

b Gute Gespräche, Diskussionen, einmal pro Woche, regelmäßig.

c Familiär, zusammen Pferde stehlen, füreinander da sein.

d Freunde sind immer da, auch wenn man sich nicht häufig sieht.

e Viele Freunde, egal wo ich hinkomme, gibt es immer nette Menschen, mit denen man was unternehmen kann.

Welchen Buchstaben haben Sie am häufigsten angestrichen? Die Fähigkeiten dieses Persönlichkeitsmusters beherrschen Sie bereits perfekt. Was es damit auf sich hat und wie sie mit dieser Erkenntnis arbeiten können, erfahren sie ab Seite 114.

a = Kleinkind, **b** = Ankläger, **c** = Besserwisser, **d** = Unnahbarer, **e** = Clown

Nehmen Sie Ihre Stärken an

Jetzt wissen Sie, in welchem Persönlichkeitsmuster Ihre ganz großen Stärken liegen. Wie geht es Ihnen damit? Die gute Nachricht: Es gibt kein gutes oder schlechtes Muster. Jedes Muster hat seine Fähigkeiten, und all diese Fähigkeiten können Gutes bewirken. Gleichzeitig besitzt jedes Muster einen individuellen Zugang zur Intuition *(siehe Seite 161)*. Verstehen Sie mich nicht falsch: Es geht nicht darum, Menschen in Schubladen zu stecken, sondern darum, dass Sie ein Verständnis dafür entwickeln, warum Sie oder andere so sind, wie sie sind, und was Sie mit Ihren Stärken am besten anstellen können.

Wenn Sie gegen Ihre Stärken leben, dann wird Ihr Leben sehr mühsam, denn Sie müssen sich verstellen – und das kostet enorm viel Kraft. Viele Menschen merken das gar nicht, gelernt ist eben gelernt. Machen Sie sich bewusst, was Sie wirklich gut können, denn darin liegen Ihre absoluten Stärken. Wenn Sie in Ihrer Kraft sind, haben Sie den Zugang zu Ihrer Intuition. Wenn Sie Ihr Muster ablehnen, dann werden alle Sabotageprogramme in Ihnen aktiviert und ein Kampf beginnt – ein Kampf, der in erster Linie gegen Sie selbst gerichtet ist. Sabotageprogramme sind nichts anderes als die vielen negativen Glaubenssätze, die Sie dazu veranlassen, Dinge zu bewerten und in Situationen zu verharren, die Ihnen nicht guttun. Machen Sie sich frei davon. Es gibt für alles einen Platz auf dieser Welt, und jeder Platz ist gut. Und es gibt unwahrscheinlich viele Möglichkeiten, sein Leben zu gestalten. Ihre Intuition wird unverzüglich für Sie zu arbeiten beginnen und Ihnen den Weg zeigen. »Zufällig« werden Sie bald Gelegenheit bekommen, Ihre Stärken einzusetzen. Brigitte, eine freiberufliche Journalistin, erzählte mir neulich: »Seit ich mit meinem ›Besserwisser‹ Frieden geschlossen habe, bekomme ich genau die Jobs, die ich immer haben wollte.«

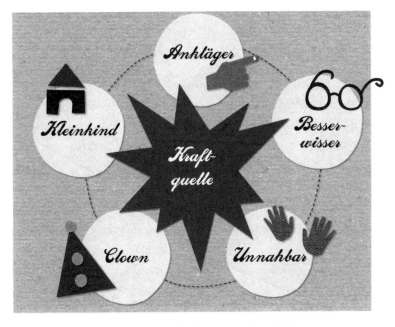

Wenn Sie sich mit Ihrem Persönlichkeitsmuster
versöhnen und es akzeptieren, haben
Sie Zugang zu Ihrer Kraftquelle (siehe Seite 125).

Fünf Muster – fünf Elemente

Die fünf Muster der Persönlichkeit sind mit den fünf Elementen
der traditionellen chinesischen Medizin gekoppelt *(siehe Seite 125)*.
Das Kleinkindmuster wird dem Element Holz zugeordnet – daher
die Fähigkeit Visionen und Träume zu entwickeln. Das Anklägermuster entspricht dem Element Feuer – kein Wunder, dass es
immer den Nagel auf den Kopf trifft. Das Element Erde passt zum
Besserwissermuster – daher die Fähigkeit, Wachstum zu konkretisieren. Dem Element Metall wird das Muster des Unnahbaren
zugeteilt – daher die Begeisterung für Details. Im Wasserelement
finden Sie das Clownsmuster – daher das Talent, die Dinge mit Humor zu nehmen und mit Spaß zu Ende zu bringen.

PERSÖNLICHKEITSMUSTER IN BEZIEHUNGEN

Finden Sie sich auch ein bisschen in jedem Muster wieder? Kein Wunder, denn jeder Mensch besitzt überall Anteile – doch in einem Persönlichkeitsmuster haben Sie Ihre Stärken. Nehmen Sie es an! Von diesem Muster aus können Sie Ihre Talente entwickeln und erweitern. Sicherlich haben Sie in den Beschreibungen auch Freunde, Bekannte oder Arbeitskollegen erkannt. Zu wissen, wie andere Menschen strukturiert sind, wird Ihnen den Umgang mit ihnen erleichtern, denn damit wissen Sie auch, wie Sie auf die Einzelnen zugehen können. Sie selbst ziehen aufgrund Ihres Musters auch ganz bestimmte Menschen an – nämlich genau solche, die Fähigkeiten besitzen, die Ihnen fehlen. Und auf diese Weise ergänzen Sie sich!

Das Kleinkindmuster

Menschen, bei denen das Kleinkindmuster dominiert, sind sehr gute Netzwerker. Sie treffen sie an Orten, wo Menschen sind, denn soziale Interaktion ist »Kleinkindern« besonders wichtig. Sie helfen gern und lassen sich gern helfen. Dazugehörigkeit, Spielen, Harmonie und Leichtigkeit sind Werte, auf die sie Wert legen. Solche Menschen sind Teamplayer, sie mögen Nähe und sind schnell zu begeistern. Wer »Kleinkinder« in seinem Freundeskreis hat, weiß ihre Loyalität und Spontaneität zu schätzen. Frauen mit diesem Muster finden immer einen »Retter in der Not«, Männer eine »Mama«, die für sie sorgt. Sie sind stets sehr motiviert und unglaublich kreativ. Ihr Veränderungswille kann anders veranlagte Menschen überfordern. »Kleinkinder« gehen häufig unkonventionelle Wege und halten sich nur selten an Regeln. Sie leben im Hier und Jetzt und genießen den Augenblick. Wenn jemand neidlos bewundern kann, dann sind es Menschen mit Kleinkindmuster.

So verhalten sich »Kleinkinder« in der Krise

In kritischen Situationen retten »Kleinkinder« sich in die Opferrolle. Dann können sie keinen konstruktiven Beitrag mehr leisten und brauchen Zuwendung. Sie beziehen alles auf sich, sind abhängig von der Meinung anderer und übernehmen keine Verantwortung, weder für sich noch für andere. »Kleinkinder« in der Krise schaffen es immer, andere zu beschäftigen.

So gehen Sie mit einem »Kleinkind« um

Beziehen Sie Menschen mit Kleinkindmuster ein: Geben Sie ihnen einen Platz im Team oder im Freundeskreis und sprechen Sie mit ihnen. »Kleinkinder« brauchen die Beziehung zu Ihnen und Ihr Lob. Im Berufsleben sind sie dankbar für Anleitung und Bestätigung. Im Privatleben bevorzugen sie intensive Beziehungen. Menschen mit Kleinkindmuster wollen »gesehen« werden.

Das Anklägermuster

Diese Menschen haben Kraft ohne Ende. Sind sie von einer Sache überzeugt, treten sie kompromisslos für sie ein. Der »Ankläger« ist lebensfroh, hat Lust, Dinge anzupacken und zu verändern, will sie testen und ausprobieren. Die Lernkurve kann gar nicht steil genug sein. »Ankläger« tragen die Energie der Transformation in sich. Alles steht im Zeichen der Veränderung, des Antriebs. Kritik, Hartnäckigkeit und starke Argumente sind typisch für »Ankläger«. Sie denken schnell, haben Mut zur Lücke und akzeptieren keine Grenzen – weder bei sich noch bei anderen. »Ankläger« sind sehr klar und strukturiert.

Sie erkennen auf einen Blick, wo Hilfe nötig ist, und entdecken jeden Fehler sofort – auch wenn sie andere damit vor den Kopf stoßen. Vielleicht haben sie daher selten einen großen Freundeskreis. Sie sind eher an der Sache orientiert, statt sich auf Menschen zu verlassen. Ein Anklägerfreund wird sich immer für Sie und Ihre Rechte einsetzen.

So verhalten sich »Ankläger« in der Krise

Wenn Sie einem »Ankläger« Vorschriften machen, die er unangebracht findet, kann er zum »Tier« werden. Dasselbe kann passieren, wenn Sie seine Schwachstellen benennen oder ihn bitten, auf den Punkt zu kommen. »Ankläger« mögen keine Kritik und können es nicht leiden, wenn sie eingeengt werden. Geraten sie unter Termindruck oder hält ihnen jemand den Spiegel vor, reagieren Menschen mit Anklägermuster sehr impulsiv.

So gehen Sie mit einem »Ankläger« um

Bleiben Sie im Umgang mit Menschen, die ein Anklägermuster haben, sachlich. Bewundern Sie ihre Leistungen, freuen Sie sich über jeden Fehler, den sie entdeckt haben, und bedanken Sie sich für ihre Korrekturen, ohne ihnen zu nahezutreten. Erlauben Sie ihnen, etwas für Sie zu tun. Vermeiden Sie jede Diskussion über Gerechtigkeit – denn sind Sie anderer Meinung, ist die Beziehung beendet.

Das Besserwissermuster

Den »Besserwisser« erkennen Sie an seiner Fähigkeit, zu planen und zu organisieren. Er hat die Gabe, Menschen zusammenzuführen, die das Talent besitzen, ein Projekt zum Erfolg zu bringen. »Besserwisser« sind meist selbstbewusst, haben eine Meinung und können überzeugen. Sie halten Kritik aus, können sehr klar argumentieren, behalten stets den Überblick und wissen immer, was wann dran ist. Sie können Menschen motivieren und bei der Stange halten, gleichzeitig werden sie niemanden überfordern, denn sie wissen einzuschätzen, wer was kann und wer wie viel Verantwortung verträgt. »Besserwissern« sind Menschen ebenso wichtig wie die Sache, wobei Letztere etwas mehr im Vordergrund steht. Menschen mit Besserwissermuster sind zuverlässige Freunde, die Verantwortung übernehmen und Sie jederzeit vertrauensvoll unterstützen.

So verhalten sich »Besserwisser« in der Krise

In Krisensituationen können »Besserwisser« zu wahren Nervensägen mutieren, denn sie wissen grundsätzlich, was zu tun ist, auch wenn sie gar nicht gefragt werden. Sie haben einfach auf alles eine Antwort. In dieser Phase kann der »Besserwisser« sehr stur werden und ist kaum noch in der Lage, auf andere einzugehen. Er will alles selbst erledigen, denn es gibt kaum jemanden, der es ihm jetzt recht machen kann. Seine Teamfähigkeit schwindet enorm.

So gehen Sie mit einem »Besserwisser« um

Erkennen Sie ihn als guten Lehrer an. Geben Sie ihm das Gefühl, wichtig und etwas Besonderes zu sein, überlassen Sie ihm die Führung. Übergeben Sie ihm Verantwortung, denn er mag das. Lassen Sie sich von ihm beraten, er weiß bestimmt schon alles über ein Thema und kann Ihnen genau sagen, was Sie tun sollten.

Das Muster des Unnahbaren

Menschen mit diesem Muster fallen selten auf, denn sie agieren meist im Hintergrund. Sie beschäftigen sich gern mit Details – und darin sind sie richtig gut. Alles, was sie anpacken, machen sie zu

180 Prozent. Sie lieben die Perfektion und können sich mit einem Thema stundenlang beschäftigen, wobei sie alle Aspekte und Facetten berücksichtigen, um ein optimales Ergebnis zu erzielen. Zufrieden sind sie erst, wenn auch wirklich jedes Detail stimmt. Menschen mit dem Muster des Unnahbaren genießen im Stillen und sind sehr gute Beobachter. Sie brauchen unbedingt das Gefühl von Sicherheit, weshalb sie sich gut zu schützen wissen. »Unnahbare« sind sehr fokussiert und interessieren sich hauptsächlich für Dinge, brauchen viel Freiheit und mögen Nähe nur zeitweise. Es gelingt ihnen meist, ihre Bedürfnisse zu befriedigen, denn sie sind sich selbst am nächsten. Um sich wohlzufühlen, brauchen sie Distanz. Wenn Sie »Unnahbare« im Freundeskreis haben, merken Sie es daran, dass diese immer zur Stelle sind, wenn es etwas zu erledigen gibt. Ihre Freundschaft zeigen sie durch Dienstleistungen und Geschenke, weil das für »Unnahbare« greifbar ist.

So verhalten sich »Unnahbare« in der Krise

Ein »Unnahbarer« wird flüchten, wenn Sie ihm Ihr Herz ausschütten. So viel Vertrautheit und Nähe verträgt er nicht. Sich zu seinen Gefühlen zu bekennen und gar vor Publikum darüber zu sprechen, versetzt ihn in Panik. Multitasking gehört nicht zu seinen Stärken.

So gehen Sie mit einem »Unnahbaren« um

Lassen Sie ihm Raum und Zeit. Sie dürfen ihm ruhig das Gefühl geben, dass er zu Ihnen gehört, aber er muss entscheiden können, wann er was macht und wie nahe er Ihnen kommen will. Lassen Sie ihn in Ruhe, damit er seinen Bedürfnissen nachgehen kann. Stellen Sie ihm ruhig eine Frage, aber erwarten Sie nicht sofort eine Antwort. Er braucht Zeit – irgendwann bekommen Sie Ihre Antwort schon. Muten Sie ihm immer nur eine Aufgabe zu.

Das Clownsmuster

Einen solchen Menschen werden Sie nicht übersehen. Als Stimmungsmacher hat er immer witzige Sprüche auf den Lippen und liebt es, im Mittelpunkt zu stehen. Er wird für Stimmung sorgen, mit Ideen jonglieren und alle Anwesenden unterhalten. »Clowns« sind oft sehr gebildet und verstehen es, ihr Wissen charmant mitzuteilen – gerne vor Publikum. Sie mögen Menschen, halten sie aber auf Distanz. Gleichzeitig brauchen sie Bewunderung, denn die ist für die »Clowns« die wichtigste Bestätigung. Menschen mit diesem Muster sind sehr kreativ und kommen schnell vom Hundertsten ins Tausendste. Jede Art von Struktur werden sie mit Humor über den Haufen werfen – und so erschaffen sie Dinge, die anders nicht möglich gewesen wären. Mit einem »Clown« können Sie stundenlang telefonieren. Wenn Sie Sorgen haben, wird er Ihnen gerne zuhören und Sie anschließend wieder zum Lachen bringen. Menschen mit Clownsmuster sind Meister der Motivation, meist sehr beschäftigt und daher viel unterwegs.

So verhalten sich »Clowns« in der Krise

Wenn ein »Clown« sich nicht wohlfühlt, wird er zynisch und macht sich über andere lustig, oder er erzählt unpassende Witze, vielleicht aber auch hundertmal den gleichen – und ist dann enttäuscht, wenn niemand lacht. In der Krise kann es passieren, dass er niemanden mehr an sich ranlässt und sich in eine Scheinwelt zurückzieht. Manchmal wird er dann übermütig und verletzend.

So gehen Sie mit einem »Clown« um

Erstes Gebot: Bewundern Sie ihn. Fordern Sie ihn dann zu einem Spiel heraus, bei dem Sie ihn aber gewinnen lassen, denn das ist

So können Sie
neue Wege gehen

Wenn Sie das tun, was Sie schon immer getan haben, bekommen Sie, was Sie schon immer bekommen haben. Gehen Sie ab heute andere Schritte!

1. Bekennen Sie sich zu Ihrem Muster und zu Ihren Stärken.

2. Nehmen Sie sich mit ganzem Herzen an.

3. Achten Sie auf die Impulse, die von außen kommen, und nutzen Sie diese.

4. Jetzt wissen Sie, was zu tun ist. Handeln sie entsprechend.

5. Seien Sie aktiv und engagieren Sie sich.

6. Machen Sie zunächst kleine Schritte, um zu überprüfen, wie es sich anfühlt, wenn Sie es tun.

7. Haben Sie Mut: Trauen Sie sich aus Ihrer Komfortzone heraus.

8. Hören Sie auf zu funktionieren und fangen Sie an zu leben!

dem »Clown« sehr wichtig. Zeigen Sie ihm, dass es niemanden gibt, den Sie so sehr mögen wie ihn. Es gibt kaum ein anderes Muster, das so viel Intensität aushält – also wagen Sie mit ihm intensive Erlebnisse. Erlauben Sie ihm aber auch, Sie auf Distanz zu halten.

Hüten Sie sich vor Erwartungen

Gerade wenn es um Beziehung, Partnerschaft und Ehe geht, stehen wir häufig fassungslos vor den Ergebnissen statistischer Erhebungen und soziologischer Studien. Obwohl wir in einer Zeit leben, in der wir bei der Partnerwahl die größtmögliche Freiheit haben, fällt es vielen Menschen schwer, sich auf eine Partnerschaft festzulegen. Gerade deshalb, und wegen dieser Freiheit, wäre aber ein guter Zugang zur Intuition – zur inneren Stimme – ausgesprochen hilfreich. Nicht selten überhören oder ignorieren wir selbst deutliche innere Signale, wenn es um Partnerschaft geht. Es gibt kaum einen Bereich, in dem unsere Intuition einerseits so gefragt wäre und anderseits so selten genutzt oder beachtet wird.

Sehr viel von dem Druck, der auf dem Thema Beziehung lastet, ist gekoppelt mit Erwartungen: Wir erwarten eine leidenschaftliche Sexualität in einer »perfekten« Beziehung mit dem »richtigen« Partner. Erwartungen aber sind wie Gift, denn erwarten wir etwas, sind wir nicht mehr offen für das, was tatsächlich ist. So gehen uns Erfahrungen durch die Lappen, die sich vielleicht als Geschenk entpuppt hätten. Eine Erwartung, die sich hartnäckig hält, ist beispielsweise die, dass es im Leben jedes Menschen nur eine große Liebe beziehungsweise nur den einen »richtigen« Partner gibt. Daran glauben trotz Aufklärung und Emanzipation noch heute viele Männer und Frauen, die deshalb, trotz einer Beziehung immer auf der Suche sind. Für die Generation unserer Eltern war die Ehe noch eine klare Vereinbarung und eine stabile Institution. Die sexuelle Revolution in den 60er-Jahren des 20. Jahrhunderts hat das Konzept »Bis dass der Tod euch scheidet« über Bord geworfen. Gott sei Dank! Doch diese Freiheit, gekoppelt mit hohen Erwartungen bei sich gleichzeitig auflösenden gesellschaftlichen Normen, birgt neue Probleme. Es gibt keine allgemein anerkannten Modelle, wohl aber viele Alternativen – und vor lauter Wahlmöglichkeiten können wir uns nicht entscheiden. Auch die Kriterien, an denen eine »gute« Beziehung gemessen wird, sind teilweise sehr abstrus. Manche Menschen messen die Qualität ihrer Partnerschaft anhand von Pro- und Kontralisten, andere daran, wie oft sie in der Woche Sex haben, wieder andere führen Statistiken darüber, wie viele Worte sie miteinander wechseln.

Wir leben in einer Pionierzeit – Rollenmuster haben ausgedient

Endlich ist es so weit, dass Frauen eine Männerdomäne nach der anderen erobern. Dadurch bewegen sich die Frauen in Räumen männlicher Energie – besonders in der Berufswelt. Aber auch Männer wechseln zunehmend die Fronten – und nehmen sich das Recht, sich einige Monate um die Erziehung ihrer Kinder zu kümmern. Es ist gut, dass beide Geschlechter heute die Möglichkeit haben, die Rollen zu tauschen. Was fällt Ihnen an Frauen in Führungspositionen auf? Das Problem, dass ich hierbei immer wieder feststelle: Frauen, die sich in der Männerwelt durchsetzen, tun dies häufig mit Härte, Leistung und Durchsetzunskraft – und verlieren dabei ihre Weiblichkeit. Männer, die in vormals weibliche Domänen eindringen, geben oft ihre männlichen Wesenszüge auf. Doch weder Männer noch Frauen kennen sich mit der Energie des anderen Geschlechts aus. Die Herausforderung besteht also darin, jede Rolle im Leben mit der eigenen Energie auszufüllen. Daher: Bleiben Sie Sie selbst!

Welche Persönlichkeitsmuster ergänzen sich?

Das Leben ist ein Zyklus: Erst muss etwas geboren werden, damit es sich entwickelt und zu einem Abschluss kommen kann. In der traditionellen chinesischen Medizin spricht man von einem Zyklus, in dem die Elemente Holz, Feuer, Erde, Metall und Wasser miteinander arbeiten und Energie haben. Diese Elemente sind Teile von

*Wenn der Energiefluss im Zyklus der Elemente
unterbrochen ist, haben Sie keinen
Zugang zu Ihrer Kraftquelle* (siehe Seite 115).

uns *(siehe Seite 115)*. Alle Energie, die benötigt wird, ist in Ihnen
und in diesem Zyklus vorhanden. Wenn Ihre Energie durch eine
Krise, durch die Angst, den Anforderungen nicht zu genügen, oder
durch Stress gestört wird, entstehen Blockaden, die den Energiefluss im Zyklus unterbrechen. Dadurch kommen Sie in einen
Mangelzustand und beginnen Kompensationsmechanismen zu
entwickeln, damit Ihr Energielevel einigermaßen erhalten bleibt.

Doch was hat das mit Beziehung und Muster zu tun? Ganz
einfach: Sie ziehen nur Menschen an, die Ihre Mängel abdecken
– und dadurch entsteht Abhängigkeit. Ist diese Abhängigkeit frei
gewählt, etwa dort, wo es um Arbeitsteilung geht, ist sie angenehm.
Basiert die Abhängigkeit darauf, dass Sie ohne einen bestimmten

Menschen nicht auskommen, kann Ihnen das Energie und Lebens-qualität rauben. In diesen Abhängigkeitszeiten finden folgende Persönlichkeitsmuster zusammen:

- ⭐ zum »Kleinkind«: »Clown« und »Unnahbarer«
- ⭐ zum »Ankläger«: »Kleinkind« und »Clown«
- ⭐ zum »Besserwisser«: »Ankläger« und »Kleinkind«
- ⭐ zum »Unnahbaren«: »Besserwisser« und »Ankläger«
- ⭐ zum »Clown«: »Unnahbarer« und »Besserwisser«

Menschen, die in sich ruhen und aus dem Herzen leben, haben zu allen Persönlichkeitsmustern Zugang. Das heißt, sie beherrschen die ganze Klaviatur der Kommunikation und besitzen ein großes Repertoire an intuitivem Wissen. Jedes Persönlichkeitsmuster hat seine Stärken. Es gilt also, dass Sie Ihre Stärken erkennen und die Muster, die zwar schwach ausgeprägt, für Sie aber hilfreich sind, zu stärken, damit sie automatisch Bestandteil Ihres Lebens werden. Das ist Reichtum. Je mehr Vielfalt Sie in sich tragen, desto freier werden Sie und können Beziehungen führen, die auf Freiheit basieren.

LEBENDIGKEIT ZIEHT LEBENDIGKEIT AN

Manchmal hat man scheinbar einfach Glück: Sie haben Opern-karten, fahren auf den letzten Drücker los – und kriegen einen Parkplatz direkt vorm Opernhaus! Sie sind verliebt, denken an ihn – prompt ruft er an! Sie brauchen Geld – da kommt eine kleine Finanzspritze von den Eltern. Manchmal ist es so, manchmal aber auch nicht. Woran liegt das? Was macht den Unterschied? Kann es sein, dass Sie in manchen Situationen absolut gelassen sind, in an-deren aber die Dinge erzwingen wollen? Genau das ist der Punkt!

DER ZUSTAND DER VERSCHRÄNKUNG
ODER DAS RESONANZPRINZIP

Ein Photon kann mithilfe von Kristallen in zwei Photone geteilt werden, die sich dann in entgegengesetzter Richtung durch den Raum bewegen. Wenn man nun eines der Photone durch einen Magnet in eine andere Richtung lenkt, so reagiert das andere Photon im selben Augenblick ebenfalls mit einer Richtungsänderung. Man hat jedoch kein Übertragungssignal gefunden, das dem einen Photon sagen würde, was mit dem anderen passiert. Die quantenmechanische Deutung lautet: Die Teilchen bleiben trotz ihrer Trennung verbunden. Man nennt diesen Zustand in der Physik Verschränkung.

Die Physik lehrt uns auch, dass wir Menschen und alles, was wir um uns sehen, aus den gleichen Elementarteilchen bestehen. Das heißt folglich, dass wir im Grunde mit allem, was existiert, auf geheimnisvolle Weise eins und verbunden sind. Das würde außerdem bedeuten, dass unser Wesen nicht an unserer Körpergrenze aufhört, sondern weit darüber hinausreicht. Deshalb wissen wir manchmal intuitiv, was eine andere Person gleich sagen oder tun wird.

Solche Ereignisse lassen sich nicht erzwingen, ebenso wenig wie Intuition. Denn diese ist ein Geschenk. Nur wenn Sie darum bitten, während Ihr Herz und Ihr Verstand miteinander verbunden sind, haben Sie Zugang zu Ihrer Intuition – und Ihr Bauchgefühl wird Sie automatisch dazu bringen, das zu tun, was Sie ans Ziel führt.

Ist Ihr Herz jedoch ausgeschaltet, dann wird zwar ein Bild in Ihrem Kopf entstehen, doch dieses Bild ist »tot«. Die Anziehungskraft, die Sie aufgrund dieses Bildes entwickeln, hat keine Energie, kein Leben. Ist Ihre Vorstellungskraft jedoch gekoppelt mit Intuition, dann bekommen Sie automatisch Inspiration von außen. Diese Impulse werden Sie zusätzlich inspirieren – und plötzlich sprudeln

Sie nur so vor Ideen, und eine Vielfalt von Möglichkeiten wird sich vor Ihnen auftun. Intuitiv wissen Sie dann, was passt, und können aus der Fülle schöpfen. Sie ziehen immer das an, was Sie innerlich spüren und als lebendig empfinden. Alles, was allein in Ihrem Kopf eine Entsprechung findet, wird Sie nicht weiterbringen. Wenn Sie sich etwas vornehmen, weil es die Vernunft fordert, dann wird es Ihnen nur gelingen, wenn Sie es auch wirklich fühlen.

Ihre Realität ist der Spiegel Ihres Inneren

Sie können lernen, die Prozesse, die in Ihnen ablaufen, zu erkennen. Dazu müssen Sie nicht einmal in sich hineinhorchen. Allein dadurch, dass Sie Ihre Aufmerksamkeit auf die Dinge richten, die um Sie herum passieren, werden Sie erkennen, was in Ihnen abläuft. Denn Ihre Gedanken und Gefühle stehen in Beziehung zur »Realität« da draußen – sie beeinflussen sich gegenseitig. Achten Sie also auf das, was »draußen« passiert. Es hat immer auch mit Ihnen zu tun. Andererseits hat das, was Sie »draußen« erleben, einen Einfluss auf Ihr Befinden. Denken Sie einmal daran, was ein herrlicher Sonnentag in Ihnen auslöst, und daran, wie es Ihnen an einem grauen Regentag geht. Je mehr Sie darauf achten, sich mit Schönheit und Lebendigkeit zu umgeben, desto schöner und lebendiger werden Sie sein. Ich zum Beispiel weiß, wie gut mir ein Tag in der Natur tut, ganz egal, ob ich im Winter Ski fahre oder im Sommer wandern gehe. Beide Ereignisse haben für mich etwas gemeinsam: ein wunderschönes Glitzern und dieses besondere Licht. Noch intensiver wird dieses Bild für mich durch das Geräusch der Stille und ein warmes Gefühl, gekoppelt mit der Lust auf Bewegung, die ich körperlich spüren kann. Genauso empfinde ich, wenn mir spannende Menschen begegnen. Sofort ist meine Aufmerksamkeit auf diese

TRAUMREISE –
WER GIBT, DEM WIRD GEGEBEN

Stellen Sie sich vor, heute wäre Ihr 100. Geburtstag. Sie sehen wunderbar aus, so schön wie noch nie, denn Ihre Schönheit kommt von innen und verleiht Ihnen die Ausstrahlung, die Sie sich schon immer gewünscht haben. Um Sie herum sind Menschen, die Ihnen im Leben wichtig waren. Sie haben genau 100 eingeladen, einen für jedes Lebensjahr. Sie verteilen an jeden Gast ein Stück Kuchen, und im Gegenzug erhalten Sie ein Geschenk. Auf jedem Kuchenstück steht ein Wort geschrieben, in jedem Päckchen befindet sich ein kleines Wunder. Die Worte bezeichnen etwas, wofür Sie sich bedanken, die Geschenke sind das, was aufgrund Ihrer Dankbarkeit zu Ihnen zurückkommt. Denken Sie dran: Dankbarkeit ist Herzenssache!

Begegnung gerichtet. Und was lernen Sie daraus? Sie gestalten Ihre Erfahrungen in Wechselwirkung mit Ihrer Umgebung. Diese beiden Faktoren beeinflussen sich gegenseitig *(siehe Übung oben)*.

Gleich und gleich gesellt sich gern

Das Spiel der Wechselwirkung läuft immer ab – egal, worum es geht. Sie ziehen immer bestimmte Menschen oder Ereignissen an. Je stärker Sie in Ihrer Mitte sind, desto eher werden Sie auch Menschen und Ereignisse anziehen, die genau diese Emotion in sich tragen. Und wenn Sie neben sich stehen, werden Sie Menschen und Ereignisse anziehen, die den gleichen Zustand widerspiegeln. Jedes Gefühl, jeder Zustand, den Sie in sich tragen, wird nach außen repräsentiert und verstärkt. Wer schwanger ist, wird plötzlich überall Schwangere sehen. Wer sich ein Auto kauft, nimmt lauter Menschen wahr, die das ebenfalls tun. Wenn Sie erfolgreich sind, treffen Sie ständig auf erfolgreiche Menschen. Wenn Sie liebevoll mit sich umgehen, werden Sie liebevolle Menschen treffen. Das Gleiche passiert aber auch, wenn Sie sich in einer Krise befinden. Doch hier können Sie eingreifen: Wenn Sie Dinge erleben, die Ihnen nichts geben, gehen Sie in sich und spüren Sie nach, was Ihnen wichtig ist. Wie würde es sich anfühlen, wenn Sie das hätten? Was würde sich an Ihrer Situation ändern?

Problemtrance

Manchmal beschreiben mir Menschen, wie sie durch bestimmte Glaubenssätze, innere Monologe oder bestimmte Handlungen in eine Problemtrance geraten. Dies ist ein Zustand, der es Ihnen nicht erlaubt, nach links oder rechts zu schauen, und Ihnen suggeriert, dass es nur einen einzigen möglichen Weg gibt. Eines Tages kam ein Mann in meine Beratung, der sich nach langem Zögern von seiner Lebensgefährtin getrennt hatte und seither von Schuldgefühlen geplagt wurde. Diese wirkten wie ein Mantra, das ihn immer tiefer in einen schmerzhaften inneren Zustand führte. In seinen Erzählungen verklärte der Mann seine Exfreundin beinahe zum Engel. Im Gespräch kam aber heraus, dass sie ihn nach Strich und Faden betrogen hatte. Erst als er seine Aufmerksamkeit ganz bewusst auf seine Lebendigkeit richtete, war es ihm möglich, auch etwas in sich selbst zu heilen – und vor allem seinen Fokus zu verändern *(siehe Übung Seite 131)*. Was können Sie daraus lernen? Sie selbst haben es in der Hand, ob Sie auf etwas Positives oder auf etwas Negatives achten. Wünschen Sie sich etwas von ganzem Herzen *(siehe Seite 133)* – dann werden Sie es bekommen. Und: Ängste ziehen Ängste an, Glück zieht Glück an.

SO KOMMEN SIE
AUS DER PROBLEMTRANCE

Kehren Sie den Prozess um: Wünschen Sie sich das, was Sie in Ihrem realen Leben haben wollen, indem Sie Ihren Fokus darauf richten. Dazu brauchen Sie zwei Stühle.

1. Setzen Sie sich bequem auf einen Stuhl und schauen Sie auf etwas Lebloses, etwa auf eine verwelkte Blume (sie repräsentiert das Problem). Versetzen Sie sich nun intensiv in diesen Gegenstand. Nehmen Sie wahr, welche Gedanken und Assoziationen das in Ihnen auslöst.

2. Wechseln Sie nun auf den anderen Stuhl und betrachten Sie etwas Lebendiges (das repräsentiert die Lösung), zum Beispiel eine Katze oder einen Hund. Versetzen Sie sich ganz intensiv in dieses Lebewesen. Welche Gedanken und Assoziationen werden jetzt in Ihnen ausgelöst?

Tauschen Sie die beiden Plätze immer wieder, bis Sie sich sicher fühlen und es Ihnen leichtfällt, zwischen Problem und lebendiger Lösung hin und her zu wechseln. Machen Sie diese Übung, sobald Sie in einer Problemtrance sind. Je öfter Sie sie machen, desto leichter wird Sie Ihnen fallen und schließlich sogar unbewusst ablaufen.

Magische Momente und Schmerz annehmen

Probieren Sie Folgendes aus, wenn Ihnen demnächst jemand etwas Gutes tut: Sagen Sie Danke, halten sie einen Moment inne und schauen Sie dem Betreffenden in die Augen. Was dort passiert, gleicht manchmal einem Wunder. Das sind Momente, die das Herz berühren – magische Momente. Vielleicht kennen Sie auch andere solche Augenblicke, in denen das Leben einfach perfekt ist, in denen einfach alles stimmt: der Zeitpunkt, die Leute, der Ort. Das sind Augenblicke, in denen Sie mit beiden Füßen fest auf dem Boden stehen und einen dicken Draht zu Ihrer Intuition haben – in denen Sie genau wissen, wie etwas gehen kann und welche Schritte Sie machen müssen. Was Sie jetzt anfassen, das gelingt. Solche Seinszustände entstehen manchmal auch aus einem Schmerz heraus.

In weniger magischen Momenten nämlich scheint ein Weg schon mal in die Irre zu führen, doch auch der erlaubt es Ihnen, Erfahrungen zu machen, aus denen Sie lernen können. Seien Sie sich dessen bewusst und nehmen Sie es wahr. Auf keinen Fall dürfen Sie negative Gefühle und Erfahrungen verdrängen, denn in Ihrem Unterbewussten bleiben sie so lange bestehen, bis Sie sie annehmen und etwas daraus machen. Wer seinen Schmerz verdrängt, vergeudet unwahrscheinlich viel Energie damit, ihn festzuhalten – wer ihn annimmt, spart Energie. Denn durch das Annehmen des Negativen haben Sie auch die Möglichkeit, etwas anderes daraus zu machen und Heilungsprozesse einzuleiten. Indem Sie den Schmerz annehmen, wird außerdem Energie frei für Veränderungen – und aus Stillstand wird Bewegung. Sie haben jetzt bereits erfahren, wie Sie Veränderung auf ganz einfache Art und Weise einleiten können. Nehmen Sie also die Impulse, die Ihnen begegnen, an und überprüfen Sie diese mit Ihrem Herzen. Auch aus Ihren weniger positiven Erfahrungen heraus formen sich Ihre Herzenswünsche ebenso wie Ihre Visionen. Wenn Sie auf Ihr Herz hören, werden Sie erkennen, wozu Sie hier sind und was alles dazugehört, damit Ihr Leben einen Sinn bekommt.

Lassen Sie sich in erster Linie von Ihrem Herzen führen, denn das ist lebendig und zieht Lebendigkeit an. Ihr Herz gewinnt immer: gegen jede Vernunftentscheidung und auswendig gelernte Affirmationen. Intuitiv werden Sie immer das anziehen, was Sie in Ihrem

Herzen tragen. Achten Sie darauf aufzutanken, denn damit unterstützen Sie das Spiel zwischen Imagination, Intuition und Inspiration. Im nächsten Kapitel werden Sie sich genau mit diesen Punkten beschäftigen. Finden Sie heraus, was Sie wirklich wollen! Denn die Theorie ist das eine, die praktische Umsetzung ist das andere.

Außen wie Innen ☆

☆ Willst du *Liebe* – liebe dich selbst.

☆ Willst du eine *Beziehung* –
stelle eine Beziehung zu dir selbst her. ☆

Willst du *Anerkennung* – erkenne dich selbst an.

Willst du *Begeisterung* –
genieße Deine innere *Leidenschaft*.

☆ Willst du *Wertschätzung* –
schätze dich selbst und das, was du tust.

Willst du *Freiheit* – gib ihr in dir Raum.

☆ Willst du Spaß – spüre deine *Lebensfreude*.

Willst du *Erfolg* – geh Deinen Weg. ☆

Willst Du *Reichtum* – spüre in dir die Fülle.

☆ Alles, was du in der Außenwelt genießen möchtest,
findest du zuerst *in dir selbst*.

Denn nur das, was du in dir trägst und wirklich *von Herzen
lebst*, wird seine Entsprechung in der Welt finden.

Erschaffen Sie sich
Ihre Lebenswelt

Wir sind Teil einer Mediengesellschaft. Und die Medien gaukeln uns vor, dass es Perfektion gibt: die perfekte Frau, den perfekten Mann, die perfekte Schönheit, die perfekte Beziehung, die perfekte Familie und so weiter. Wer hätte nicht gerne das Patentrezept für ein perfektes Leben? Das Leben jedoch kennt keine Rezepte. Aber Sie können Ihr Leben leben, denn Sie besitzen Intuition, und die können Sie nutzen, um Ihre eigene innere Führung zu finden. Innere Führung bedeutet nichts anderes als Beziehungsgestaltung – auch und in erster Linie mit sich selbst!

SIE HABEN ALLE FREIHEITEN – NUTZEN SIE SIE

Eigentlich leben wir in einer Zeit, in der praktisch alles machbar und möglich ist. In vielen Dingen besitzen Sie Entscheidungsfreiheit und können tun und lassen, was Sie wollen. Eigentlich! In bestimmten Situationen gelingt uns das jedoch nicht – dann sind wir fremdbestimmt und funktionieren nur. Vor allem in der Krise verlässt einen die Intuition schnell. Es gilt also Ihre Intuition zu stärken und sich immer bewusst zu machen, wo die Fremdbestimmung beginnt und was – im Gegensatz dazu – Ihre Mission, Ihre Visionen, Ihre Werte und Ihre eigenen Wünsche sind.

Das ist nicht immer leicht, denn unser Blick auf das, was uns wirklich glücklich und lebendig macht, wird permanent vernebelt. Werbung und die Unterhaltungsindustrie nutzen die Motive Weiblichkeit, Männlichkeit, Beziehung, Sinn und Erfolg, um uns zu manipulieren. Und das funktioniert, weil wir uns nach alldem sehnen – besonders in einer Zeit, in der sich die Rollenbilder aufgelöst haben, die Emanzipation auf Kosten von Beziehung ging, im Job Egoismus und Erfolg um jeden Preis mehr zählen als ein gesundes Miteinander. Doch wie konnte es so weit kommen?

Gefühle aus zweiter Hand

Die Medien liefern uns Glamourvorbilder, die zu Projektionsflächen unserer Sehnsüchte werden. So entwickeln wir Bedürfnisse, die nicht unsere sind, versuchen den medialen Idolen ähnlich zu werden – und leben somit Emotionen, die nicht echt sind: Gefühle aus zweiter Hand! In dem Moment, in dem Sie das tun, orientieren Sie sich nach außen: Sie gehen weiter weg von sich selbst, von Ihrer Intuition und setzen eine Maske auf.

Sie verstecken sich etwa hinter tollen Projekten oder der Fassade einer intakten Familie und Beziehung. Das sind Schutzmechanismen – aus Angst, verletzt zu werden oder irgendwelchen Ansprüchen nicht zu genügen. Verletzungen kann es jedoch nur da geben, wo Fassade ist. Dazu kommt es nur, wenn etwas aufgedeckt wird, was wir nicht preisgeben möchten, unter Umständen etwas, was wir als Schwäche empfinden. Was geht in Ihnen vor, wenn andere negative Kommentare über Ihr Äußeres abgeben oder Ihnen erklären, was eine gute Mutter oder ein guter Vater zu tun und zu lassen hat? Regen Sie sich auf, beginnen Sie zu kämpfen oder ziehen sich verletzt zurück?

Auch verliert man hinter einer Maske schnell sein wahres Ich, und unsere Mitmenschen erkennen nicht, wer man ist, sondern nur, was man vorgibt zu sein. Wer eine Maske trägt, dem fällt es schwer, den Sinn seines Lebens zu erkennen und seinen Weg zu finden. Kein Wunder, dass uns dabei unsere Intuition verloren geht!

Legen Sie Ihre Maske ab – zeigen Sie Gesicht

Gestehen Sie sich ein, dass Sie nicht perfekt sind – und dass auch Sie nicht immer wissen, wie es weitergeht, sondern einfach etwas ausprobieren, um herauszufinden, was zu Ihnen passt. Wenn Sie anfangen zu »menscheln«, werden Sie Menschen begegnen, die auf dem gleichen Weg sind. Die nicht nach Perfektion streben, sondern nach ihrem eigenen Leben. Dadurch schaffen Sie Verbindung, und Verbindung schafft Nähe. Die »Verletzungsgefahr« geht gegen null, wenn Sie zeigen, wer Sie sind, und tief in Ihrem Innern wissen, dass das so ist. Das ist Liebe. Liebe zu sich selbst. Und dort wo Liebe ist, ist Verletzung nicht möglich. Hier sind maximale Transparenz und Sinnlichkeit gefragt – und möglich. Sie müssen sich nicht rechtfertigen, sondern dürfen sich selbst annehmen.

Geben Sie Ihrer Intuition eine Chance

Was viele Menschen abhält, ihrer Intuition zu folgen und sie zu leben, ist auch die unbewusste Angst vor der Begegnung mit sich

VERLETZUNGEN BASIEREN IMMER
AUF EINEM DER FOLGENDEN VIER GRÜNDE

1. Jemand hat etwas, was Sie gerne hätten, sich aber nicht zugestehen.
Beispiel: Ein anderer nimmt viel Raum ein. Sie sorgen immer dafür, dass
andere zu Ihrem Recht kommen, gönnen sich selbst jedoch wenig Raum.

2. Jemand hat etwas, was Sie an sich nicht mögen und nicht akzeptieren können. Beispiel: »Ich will nicht so werden wie meine Mutter!«
Kennen Sie diesen Satz? Und natürlich sind Sie Ihrer Mutter ganz schön
ähnlich! Das zu akzeptieren, fällt oft schwer. Sie übertragen das auf Ihre
Mutter und regen sich über sie auf statt über sich selbst.

3. Jemand erinnert Sie unterbewusst an eine Person und löst in Ihnen
ein negatives Gefühl aus. Beispiel: Mir geht es oft so, wenn ich einen
bestimmten Dialekt höre. Ich reagiere innerlich sofort abwehrend, weil
ich eine unangenehme Erfahrung mit jemandem gemacht habe, der so
sprach. Der Mensch, der vor mir steht, kann gar nichts dafür.

4. Jemand verletzt Ihre Werte. Beispiel: Ihr höchster Wert ist Wertschätzung, und jemand spricht abfällig über Ihre Freunde. Grund: Ihre Werte
gehören zu Ihnen, und Sie sind verletzt, wenn diese verletzt werden.

selbst. Nelson Mandela, Anti-Apartheit-Kämpfer, Nobelpreisträger
und der erste schwarze Präsident Südafrikas, hat gesagt: »Unsere
tiefgreifendste Angst ist nicht, dass wir ungenügend sind. Unsere
tiefgreifendste Angst ist, über das Messbare hinaus kraftvoll zu sein.
Es ist unser Licht, nicht unsere Dunkelheit, was uns erschreckt. Wir
fragen uns, wer bin ich, mich brillant, großartig, talentiert, fantas-
tisch zu nennen?«

Sich seiner Intuition zu öffnen, bedeutet auch, zu dem zu stehen, wie man ist, und sich zu sich selbst zu bekennen. Doch manchmal sind wir alles andere als Supermann oder Superfrau, sondern verletzlich. Schützen können Sie sich mithilfe Ihrer Kraftquelle *(siehe Seite 151–158)*, dann brauchen Sie keine Schutzmauern mehr.

Werden Sie zum Regisseur Ihres Lebens

Vieles von dem, was »da draußen« passiert und Ihnen widerfährt, verursachen Sie selbst. Und manchmal muss erst etwas Dramatisches geschehen, damit Sie aus Ihrem Alltagstrott heraustreten und sich selbst begegnen können. Oft sind wir erst dazu in der Lage, wenn wir den Job verlieren, uns Hals über Kopf verlieben, eine ernste Krankheit bekommen oder unsere beste Freundin uns die Freundschaft kündigt. Nicht selten sorgen Sie sogar selbst für solche Ereignisse – natürlich unterbewusst. Und daran ist nichts Falsches! Solche Dramen inszenieren Sie nur, damit Sie aus Ihrer Tretmühle aussteigen und etwas Neues lernen können. Manchmal bedarf es radikaler Veränderung, die mit Schmerz gekoppelt ist, damit Sie sich selbst erfahren und den Zugang zu der Tür finden, die in Ihr Inneres führt. Mir ging es nicht anders: Als ich anfing, meinen Weg zu gehen, sagten viele: »Du spinnst. Du veränderst dich nur, weil du so viele komische Bücher liest.« Es waren Bücher wie dieses!

Beginnen Sie noch heute damit, die Regie zu übernehmen

Das Leben spielt sich nur in der Gegenwart ab, leben können Sie nur vorwärts. Der Blick zurück hilft allenfalls dabei, das, was geschehen ist, zu verstehen. Für ein nach vorn orientiertes Leben brauchen Sie Kraft und Unterstützung. Öffnen Sie sich für Menschen, die »echt« sind und sich auf sich selbst besinnen – dadurch

KONFLIKTE AUFLÖSEN –
WAS IST MEINS, WAS GEHÖRT ANDEREN?

Nehmen Sie sich kurz Zeit und lernen Sie die Wunden, die Verletzungen hinterlassen haben, zu heilen.

1. Erinnern Sie sich an einen heftigen Konflikt, den Sie mit einer anderen Person hatten. Gibt es eine aktuelle Auseinandersetzung mit jemandem?

2. Legen Sie drei Zettel vor sich auf den Boden. Der erste symbolisiert Sie selbst in der Situation, der zweite die andere Person, die an dem Konflikt beteiligt ist, der dritte einen Beobachter der Szene.

3. Stellen Sie sich nacheinander auf jeden Zettel und spüren Sie den Unterschied zwischen den drei Rollen. Bei sich sein, der Gegner sein und als Beobachter danebenstehen. Spüren Sie, WIE jeder empfindet.

4. Nehmen Sie erneut die Position des Gegners und des Beobachters ein und nehmen Sie wahr, WAS diese beiden in der Situation empfinden.

5. Was hätten Sie und was hätte Ihr Gegner in der Situation gebraucht?

6. Gehen Sie noch einmal in die Beobachterrolle. Was empfiehlt er?

7. Stellen Sie sich neben die Zettel. Angenommen Sie könnten zaubern und besäßen eine Schatzkiste, die die Lösungen für alle Rätsel des Universums enthält. Lassen Sie Ihrem Gegner und sich alles zukommen, was Sie brauchen, um aus dieser Situation als lernende Gewinner hervorzutreten.

8. Stellen Sie sich nun auf Ihren und den gegnerischen Zettel. Brauchen beide Personen noch etwas? Wiederholen Sie den Vorgang, bis alle zufrieden sind. Hat der Beobachter noch Einwände? Gibt es noch etwas zu tun?

Wie fühlt sich die Situation jetzt für Sie an? Ihr Körper kennt nur die Gegenwart. Was Sie heute verändern und leben, das wird Ihre Zukunft bestimmen. Dabei gibt es kein Richtig und kein Falsch. Es gibt nur das, was in diesem Augenblick passiert und Ihnen guttut.

können Sie eine höhere Effizienz in Ihrer Intuition entwickeln. Mit der Übung auf Seite 139 lassen Sie alte Verletzungen für alle Zeiten hinter sich. Ich behaupte nicht, dass das leicht ist. Meine größte Herausforderung im Leben war bisher, die Tatsache anzunehmen, dass meine Ehe gescheitert ist – trotz meines hohen Wertes von Familie. Ich war gezwungen, mich neu zu orientieren –, und das war gut so. Es war der Beginn eines neuen Lebens!

Damit Sie ein Gefühl dafür bekommen, was Ihres ist, was für Sie stimmt und was nicht zu Ihnen gehört, lernen Sie zu entscheiden und zu formulieren, was zu Ihnen passt und was nicht. In diesem Zusammenhang sind Ihre Mission und Ihre Werte von Bedeutung.

JEDER MENSCH HAT EINE MISSION UND EIGENE WERTE

Stellen Sie sich vor, Sie müssten augenblicklich die Erde verlassen. Vor dem Übertritt in eine andere Welt wird Ihnen folgende Frage gestellt: »Wozu waren Sie auf der Erde?« Was antworten Sie? Was würden die Menschen, die Sie sehr gut kennen, auf diese Frage erwidern? Schreiben Sie die Antworten auf, bevor Sie weiterlesen.

Dies ist die Frage nach Ihrer Mission oder Ihrer Berufung. Es handelt sich also um die große Lebensfrage: »Was ist das Ziel und der Sinn meines Lebens?« Zugegeben, seine Lebensfrage zu beantworten, ist nicht leicht. Was Sie aber ganz einfach und immer wieder aufs Neue definieren können, ist der Sinn dessen, was Sie tun – und Ihr Tun ist eine Handlung aus Ihrer Mission heraus.

Ihre Mission hat darüberhinaus einen großen Einfluss auf Ihr Werden. Sie stellt das Spielfeld dar, auf dem Sie spielen. Ihre Mission macht Sie einzigartig und begehrenswert. Die Werbebranche hat das längst erkannt: Ganz selbstverständlich wird die Einzigartigkeit eines Unternehmens nach außen kommuniziert. Diese sogenannten Claims machen Firmen unverwechselbar. Welches Unternehmen fällt Ihnen ein, wenn Sie »Nichts ist unmöglich!« hören? Und welches assoziieren Sie mit dem Satz »Ich bin doch nicht blöd!«?

Doch auch jeder einzelne Mensch ist einzigartig. Je bewusster Ihnen das ist, desto einfacher wird es, sich zu sich selbst zu bekennen. Und so kommt man zu seinem ganz persönlichen Claim wie etwa: »Maria, die Powerfrau«, »Jasmin, die jedem Konflikt aus dem Weg geht«, »Klaus, der sich immer vor dem Urlaub von seiner Freundin trennt« oder »Thomas, die unnahbare Sportskanone«. Wer es zum eigenen Claim gebracht hat, der weiß: Die anderen erkennen mich.

Wenn Mission und Werte zusammenpassen

Ihre Mission wird über Ihre Werte definiert. Alles, was Ihre Werte betrifft, spüren Sie körperlich in Form von Freude, Lebendigkeit, Liebe, Wut, Lust, Trauer oder Wohlbefinden. Obwohl Ihnen Ihre Werte meist nicht bewusst sind, treffen Sie genau aufgrund dieser Ihre Entscheidungen, gleichzeitig geben Ihre Werte Ihnen den ethischen Spielraum, in dem Sie sich bewegen. Werte sind für jeden Menschen sehr wichtig. Ihre Wertesystem gibt Ihnen Kraft und macht Sie zu einem Individuum. Passen Mission und Werte jedoch nicht zusammen, führt das zu Stress und Kraftverlust. Wenn Ihre Mission es Ihnen dagegen ermöglicht, Ihre Werte zu leben, dann können Sie das aus vollen Zügen tun. Besteht Ihre Mission beispielsweise darin, der Mittelpunkt Ihrer Familie zu sein, dann wird es Ihnen Spaß machen, sich um die Kinder zu kümmern. Dafür verzichten Sie gerne auf eine berufliche Karriere. Besteht Ihre Mission aber darin, sich im Beruf zu bewähren, dann wäre es sinnvoll, dass Ihr Partner sich um die Kinder kümmert.

Leben Sie Ihre Werte

Wenn Sie Ihre Werte im privaten oder beruflichen Kontext nicht umsetzen können, haben Sie schnell das Gefühl, dass Ihnen etwas fehlt. Das Leben erscheint Ihnen dann mühsam, bestenfalls langweilig. Sie verlieren Kraft. Ziele, die Sie unter diesen Voraussetzungen erreichen, werden Sie kaum befriedigen.

Wenn Sie dagegen im Einklang mit Ihren Werten leben, sind sie ausgeglichen, voller Kraft und Energie und haben ein gutes Bauchgefühl. Ihre Glaubenssätze *(siehe Seite 44–50)* regeln, wie Sie Ihre Werte leben. Das kann positiv, aber auch negativ sein. Je nachdem, ob Ihre Glaubenssätze Ihnen die Erlaubnis geben, etwas zu tun, leben Sie Ihre Werte oder auch nicht.

Werteharmonie schafft Verbindung

Menschen, die die gleichen Werte leben, haben ein starkes Zugehörigkeitsgefühl und fühlen sich besonders verbunden.

Die Hierarchie der Werte

Es gibt positive und negative Werte. Daneben unterscheiden sich die Werte durch eine Wertehierarchie *(siehe auch Grafik Seite 144)*. Um herauszufinden, was Ihre ganz persönlichen Werte sind, füllen Sie die nebenstehende Liste *(siehe Übung Seite 143)* gewissenhaft aus. Vielleicht kopieren Sie sich die Seite zweimal und nehmen eine für Ihre beruflichen und eine für Ihre privaten Werte. Dann können Sie Übereinstimmungen und Abweichungen ganz leicht erkennen. Selbstverständlich können Sie auch Werte ergänzen.

Werte ersten Grades sind unentbehrlich. Sie sind meist Bestandteil der Ursprungsfamilie und der Kultur, in der Sie aufgewachsen sind. Wenn Sie diese Werte nicht leben können, fühlen Sie sich sofort

SO FINDEN SIE HERAUS,
WELCHES IHRE WERTE SIND

Kreuzen Sie die Werte an, die Ihnen am wichtigsten sind. Private Werte bekommen ein rotes Kreuz, berufliche ein blaues. Unterteilen Sie diese Werte anschließend mit einer 1, einer 2 oder einer 3 in Werte ersten, zweiten und dritten Grades. Wählen Sie dann Ihre vier wichtigsten beruflichen und privaten Werte aus und aus diesen schließlich Ihre vier allerwichtigsten. Formulieren Sie mit diesen vier Begriffen einen Satz, der Ihre Mission beschreibt (siehe Seite 144).

Besinnlichkeit	☐	Unabhängigkeit	☐	Gründlichkeit	☐
Fröhlichkeit	☐	Verbindlichkeit	☐	Offenheit	☐
Intensität	☐	Wahrhaftigkeit	☐	Freiheit	☐
Spaß	☐	Wertschätzung	☐	Mut	☐
Leben	☐	Zuverlässigkeit	☐	Entschlossenheit	☐
Perfektion	☐	Hoffnung	☐	Freundschaft	☐
Hilfsbereitschaft	☐	Integrität	☐	Gelassenheit	☐
Gesundheit	☐	Klugheit	☐	Genügsamkeit	☐
Aufrichtigkeit	☐	Konsequenz	☐	Großherzigkeit	☐
Ruhe	☐	Menschlichkeit	☐	Gerechtigkeit	☐
Kompetenz	☐	Offenheit	☐	Schnelligkeit	☐
Konkurrenz	☐	Respekt	☐	Kreativität	☐
Anerkennung	☐	Risikobereitschaft	☐	Dankbarkeit	☐
Selbstachtung	☐	Nähe	☐	Leidenschaft	☐
Entspannung	☐	Sicherheit	☐	Lust	☐
Klarheit	☐	Abenteuer	☐	Begeisterung	☐
Erfolg	☐	Ehrlichkeit	☐	Achtung	☐
Güte	☐	Selbstachtung	☐	Akzeptanz	☐
Herzlichkeit	☐	Selbstbeherrschung	☐	Demut	☐
Toleranz	☐	Standhaftigkeit	☐	Durchsetzungskraft	☐
Treue	☐	Eigenverantwortung	☐	Genauigkeit	☐

Es kann sein, dass Werte, die im beruflichen Kontext Werte ersten Grades sind, in Ihrem Privatleben eine eher untergeordnete Rolle spielen – und umgekehrt.

unwohl. Sollten Sie Werte ersten Grades verletzen, bekommen Sie ein schlechtes Gewissen. Verletzen andere diese Werte, fühlen Sie sich nicht respektiert und werden ärgerlich. Außerdem gibt es innerhalb der Werte ersten Grades eine Wertehierarchie, die Ihnen Ihre Mission verrät. Angenommen Ihre vier wichtigsten Werte ersten Grades lauten Freiheit, Respekt, Kreativität und Spaß, können Sie aus diesen Begriffen einen Satz formulieren, der Ihre Mission beschreibt.

Werte zweiten Grades müssen und können auch nicht jeden Tag auf dem Programm stehen. Jeder Mensch braucht sie unterschiedlich oft. Fehlen sie, kann es schlimmstenfalls sein, dass Sie sich langweilen oder unzufrieden sind und sich wünschen, dass noch irgendetwas Besonderes passiert.

Werte dritten Grades bereichern Ihr Leben. Es ist schön, wenn sie da sind, es ist aber auch kein Problem, wenn sie mal ausbleiben.

IHRE VISIONEN WERDEN SIE IHRER MISSION NÄHER BRINGEN

Sie werden Ihre Visionen *(siehe Seite 16)* realisieren können, wenn Sie bei jedem Schritt, den Sie in deren Richtung gehen, Ihre Werte berücksichtigen und mit einbeziehen. Handeln Sie gegen Ihre Werte, werden Sie scheitern. Überprüfen Sie diese daher von Zeit zu Zeit. Wer weiß, wo er hinwill, dem kann die Intuition die Richtung weisen. Ein Beispiel: Falls Sie vor der Geburt Ihres Kindes sicher waren, nach der Babypause wieder in den Job zurückzukehren, ist es gut zu prüfen, ob Ihre Werte heute noch mit den Werten von früher übereinstimmen. Vielleicht ist es zu einer Werteverschiebung gekommen? Das erspart Ihnen unter Umständen eine Fehlentscheidung.

Ihre Mission – Sie können auch Ihre Lebensaufgabe sagen – beschreibt das WAS: Was Sie sind und was Sie dieser Welt zu geben haben. Sie basiert auf dem, was Sie von Natur aus besitzen und was Sie auf Ihrem bisherigen Lebensweg weiterentwickelt haben.

Ihre Visionen beschreiben das WIE: Wie gehen Sie vor, um Ihre Mission umzusetzen. Das klingt vielleicht zunächst kompliziert, doch Sie praktizieren das bereits täglich – meist jedoch unterbewusst. Sollten Sie eine bestimmte Vision verfolgen, werden Sie diese wahrscheinlich innerlich schon in viele kleinere Ziele unterteilt haben, die Sie Schritt für Schritt angehen. Das bewusste Wissen um das WAS und das WIE macht es einfach, auf Kurs zu bleiben.

Lernen Sie loszulassen

Gehen Sie nun auf Entdeckungsreise und finden Sie heraus, was Ihre Visionen sind *(siehe Übung Seite 146–147)*. Nehmen Sie sich Zeit und Ruhe für die Übung und wiederholen Sie diese von Zeit

ENTDECKEN SIE IHRE VISIONEN
UND KREIEREN SIE IHR MANTRA

Finden Sie heraus, wie Sie leben wollen und wie dieses Leben aussehen soll! Was für eine Qualität wünschen Sie sich für Ihr künftiges Leben? Die meisten Menschen formulieren Ihre Visionen nur sehr vage. Diese sind Wünsche aus dem Unterbewussten. Deshalb werden Sie nun gemeinsam mit Ihrem Unterbewussten eine Version nach der anderen herausarbeiten und Ihr ganz persönliches Mantra formulieren.

1. Stellen Sie sich folgende Frage: »Wie finde ich den Weg zu meiner Vision?« oder »Wie manifestiert sich meine Vision?« (Ihr Unterbewusstes ist darauf angewiesen, dass Sie ihm Fragen stellen, damit es Ihnen eine Antwort geben kann.)

2. Nehmen Sie nun einen Gegenstand, der Ihnen etwas bedeutet, und legen Sie ihn vor sich. Das könnte etwa Ihr geliebter Teddy sein, ein Geschenk, dass Sie sich gemacht haben, oder ein Bild, das Sie gemalt haben.

3. Betrachten Sie diesen Gegenstand jetzt mit den Augen eines Kindes, das entspannt in einer Wiese liegt, in den Himmel schaut und in den Wolkenformationen alle möglichen Figuren entdeckt.

4. Was erkennen Sie, wenn Sie Ihren Gegenstand so betrachten? Sehen Sie vielleicht Flüsse, einen See, einen Berg oder aber Tiere, Autos oder Gesichter? Schreiben Sie sechs Begriffe auf. Es müssen konkrete Dinge sein. Freude und Freiheit etwa kann man zwar spüren, aber nicht sehen.

5. Betrachten Sie diese sechs Gegenstände nun der Reihe nach und überlegen Sie jedes Mal: »Inwiefern gibt mir dieser Gegenstand eine Antwort auf meine Frage?« Wiederholen Sie anschließend die Frage, mit der Sie sich auf die Suche nach Ihrer Vision begeben haben. Schreiben Sie alle Assoziationen auf, die Ihnen jetzt zu jedem Gegenstand einfallen.

6. Achten Sie darauf, dass alles, was Sie dazu aufschreiben ...

○ ... positiv ausgedrückt ist. Schreiben Sie auf, was Sie gerne hätten, und nicht, was Sie vermeiden wollen.

○ ... in Ihrer Verantwortung liegt. Schreiben Sie auf, was Sie selbstständig bewirken können, und nicht etwas, das andere für Sie tun sollen.

○ ... in der Gegenwart ausgedrückt ist. Weil Ihr Körper nämlich nicht unterscheidet, ob etwas tatsächlich wahr ist oder nicht. Er setzt unabhängig davon die chemischen Prozesse in Gang, die Sie dahin führen, das zu leben, was Sie gefühlt und aufgeschrieben haben.

7. Auf Grundlage Ihrer gesammelten Begriffe schreiben Sie jetzt Ihren Visionssatz auf. Er beinhaltet alles, was Sie leben wollen, und beginnt mit folgenden Worten:

„Eingebettet in _____

(Schreiben Sie hier auf, worin Sie sich wohlfühlen, zum Beispiel in universeller Liebe, dem Sand des Meeres, einer schönen Melodie usw.)

genieße ich _____

(Hier folgen die sechs Begriffe, die Sie in Schritt 4 gefunden haben. Der Satz, der so entsteht, mag vielleicht kitschig klingen. Ganz tief in sich drinnen spüren Sie jedoch, dass er stimmt und zu Ihnen passt.)

8. Zum Schluss ergänzen Sie Ihre Vision mit folgendem Satz:

All dies genieße ich in vollen Zügen, und ich entscheide jeden Tag aufs Neue, ob ich es allein genieße oder mit anderen.“

SO KOMMEN SIE IHREN VISIONEN NÄHER
SCHRITT FÜR SCHRITT

Finden Sie nun heraus, welche konkreten Schritte Sie unternehmen können, um Ihre Visionen Realität werden zu lassen. Erarbeiten Sie anhand des folgenden Leitfadens Punkt für Punkt die Vorgehensweise, die Sie zum Ziel bringen wird.

1. Was möchten Sie erreichen (Vision)? Welchen ersten Schritt müssen Sie dafür tun? Formulieren Sie diesen Schritt ...

O ... in der Gegenwart, so als ob Sie ihn gerade tun würden.
O ... eigenverantwortlich. Was tun Sie, um den Schritt zu gehen.
O ... positiv. Was wollen Sie tun (also nicht etwa »Ich müsste ...«).

2. Stellen Sie sich vor, Sie hätten den ersten Schritt bereits getan.

O Was sehen Sie?
O Wie hört sich die Situation jetzt an?
O Wie fühlt sie sich an?
O Was riechen Sie? / Hat die Situation einen Geschmack?

3. Nicht jeder Schritt ist für alle Situationen geeignet.

O In welchem Zusammenhang ist der Schritt sinnvoll?
O Mit wem möchten Sie den Schritt gehen?
O Wo und wann können Sie den Schritt machen?
O Wie oft wollen Sie diesen Schritt gehen?

4. Jede Veränderung hat Konsequenzen.

O Wie verändert sich Ihr Leben, wenn Sie Ihr Ziel erreicht haben?
O Was ist der Preis?
O Was bekommen Sie?
O Worauf verzichten Sie?

5. Welchen Nutzen hatte der alte Zustand für Sie?
   - Sind Sie bereit, den alten Zustand völlig aufzugeben?
   - Sind Anteile des alten in Ihrem neuen Ziel mit enthalten?

6. Welche Bedingungen gibt es, um diesen Schritt zu gehen?
   - Was hindert Sie daran, Ihr Ziel zu erreichen?
   - Welche Überzeugung brauchen Sie, um es zu erreichen?
   - Was ist der erste konkrete Schritt, den Sie jetzt unternehmen?

zu Zeit. Nach der Übung gilt es, den Gedanken an die Vision loszulassen, damit Ihre Intuition für Sie arbeiten kann. Je besser Ihnen das Loslassen gelingt, desto einfacher werden Sie Ihre Vision realisieren können. Ich weiß, das ist nicht leicht, denn Sie wollen den Prozess und seinen Fortschritt sicher kontrollieren. So sind wir erzogen worden. Mein dringender Rat lautet: Lassen Sie sich vom Leben überraschen! Es wird Ihnen den Weg zeigen. Ihre innere Stimme wird Sie begleiten und Ihr Bauchgefühl Ihnen sagen, was der richtige Weg ist. Als Sie Ihre Vision definiert haben *(siehe Übung Seite 146–147)* hat Ihr Unterbewusstes den Weg und das Ziel Ihrer Vision erkannt. Sie können ihm vertrauen.

Es gibt keine Zufälle

Die Summe Ihrer Visionen und die Entschiedenheit, mit der Sie Ihre Mission erfüllen, ergeben das Bild Ihres Lebens. Der Weg mag nicht immer direkt aufs Ziel hinführen, aber die Richtung stimmt, wenn Sie Ihrer Intuition folgen. Eine Kollegin erzählte mir, dass sie schon als Mädchen immer davon träumte, auf einer Bühne zu stehen und zu singen. Als Teenager war sie Sängerin der Schulband und spielte Theater. Damals hatte sie also schon ihr Talent erkannt und damit begonnen es auszubilden. Heute kommt ihr das zugute, wenn sie Vorträge hält. Sie ist perfekt darin und kann Menschen absolut begeistern. Mit ihren Reden fasziniert sie ihr Publikum genauso, wie sie es früher als Sängerin getan hat.

Visionen entstehen von selbst und lassen sich nicht erzwingen. Wenn Sie einen Rasen anlegen, ziehen Sie ja auch nicht an den Grashalmen, sondern geben ihm Zeit und Pflege, damit er wächst und gedeiht. Visionen sind wie sinnliche innere Führer, die Sie mit der Außenwelt spielen lassen. Wenn Sie wissen, wo es langgeht, werden Sie wach sein und erkennen. Glauben Sie mir: Es gibt keine Zufälle. Der Parkplatz vor der Oper war für Sie gedacht! Manchmal ist das Leben wie ein Puzzlespiel, bei dem sich wie von selbst die Steine ineinanderfügen – weil Sie Ihrer Intuition gefolgt sind!

Sammeln Sie »magische Momente«

Wenn Sie einen Menschen treffen, der das Gleiche fühlt und denkt wie Sie, oder jemand Dinge sagt, die Sie tief berühren – dann sind das magische Momente, die man auch ganz allein erleben kann. So erinnere ich mich an einen Sommerabend in München. Nach einem Besuch bei einem Freund fuhr ich mit dem Fahrrad nach Hause. Die warme Luft, die Menschen in den Straßencafés, das Fahrradfahren und das Gefühl von innerer Freiheit und des Einsseins mit meiner Umgebung waren magisch. Meine innere Stimme war ganz klar, und ich habe gewusst, ich tue genau das Richtige für mich zum richtigen Zeitpunkt. Wann hatten Sie das letzte Mal solche bezaubernden Momente? Erinnern Sie sich daran und schreiben Sie diese Erinnerungen auf, das wird Ihnen bei den kommenden Schritten sehr nützlich sein.

AUFTANKEN –
DER WEG ZU IHRER KRAFTQUELLE

Die Art und Weise und die Qualität, mit der Sie Ihre Mission
verfolgen, gibt Ihnen Hinweise auf Ihre Kraftquelle und den Kontakt, den Sie zu ihr haben. Ihre Kraftquelle ist eine Instanz, die in
Verbindung zu Ihrem Herzen steht. Wenn Sie das machen, was Sie
von Herzen gern tun, haben Sie keinen Energieverluste. Sind Sie in
Verbindung mit Ihrer Kraftquelle, fühlen Sie sich wohl, und Ihre
Gedanken sind positiv *(siehe Seite 157–158)*. Ihre Kraftquelle ist
eine ganz individuelle Angelegenheit *(siehe Tipp unten und Übung
auf Seite 155)*. Manche Menschen brauchen das Naturerlebnis, um
in Kontakt mit ihrer Kraftquelle zu kommen und aufzutanken,
andere meditieren oder treiben Sport.

Frauen und Männer reagieren außerdem recht unterschiedlich,
wenn ihre »Akkus« leer sind. Haben Frauen den Kontakt zu ihrer
Kraftquelle verloren, neigen sie zu depressiven Verstimmungen bis

Ihre Kraftquellen

Machen Sie sich eine Liste von allen Dingen, die Sie in die Lage versetzen,
»mit dem Herzen zu sehen« – also aufzutanken. Das könnten Unterneh-
mungen sein, die nur zehn Minuten dauern, und solche, die mehrere Tage
in Anspruch nehmen, aber auch andere, die nichts kosten oder die Sie
ganz unabhängig von anderen Menschen machen können. Befestigen Sie
diese Liste an einem Ort, wo sie Ihnen ins Auge fällt, wenn Sie Anregungen
brauchen. Der Klassiker wäre Ihr Badezimmerspiegel.

TRAUMREISE – ZU DEINER KRAFTQUELLE,
DEINEN VISIONEN UND DEINER MISSION

In der Traumreise sage ich DU zu Ihnen, damit Ihr Unterbewusstes sich angesprochen fühlt. Sie können den Text laut vorlesen, auf Band aufnehmen und dann abhören oder einfach still lesen und spüren, was er mit Ihnen macht.

Mach es dir an einem angenehmen Ort bequem und entspanne dich. Nimm deine Gedanken wahr. Lass alle Gedanken, die nichts mit deiner Kraftquelle zu tun haben, weiterziehen.

Spüre, wie die Erde dich trägt, wie dein Atem kommt und geht, wie du mehr und mehr zu dir findest. Während du deine Gedanken wahrnimmst, deinen Herzschlag hörst und vielleicht innere Bilder siehst, bemerkst du, wie dein Körper schwer wird. Spüre, wie sich dein Atem bis in deine Fußspitzen ausbreitet. Atme tief in deine Beine, in deinen Bauch, deinen Rücken, deine Schultern, deine Arme, deine Hände und jedes einzelne deiner Organe. Atme ein und aus, ein und aus – spüre das Sein in dir. Und noch mal: Einatmen – Ausatmen –Sein!

Während du nun weiter ein- und ausatmest, tauchst du mit deinen Gedanken in eine wunderschöne Landschaft – ein Paradies, das deiner Fantasie entspringt. Es ist ein Ort der Fülle, an dem es alles gibt, was dein Herz begehrt, und darüber hinaus einen unvorstellbaren Reichtum an Farben, Lichtern, Klängen und Wärme.

Spüre die Fähigkeiten, die du an diesem Ort hast – und die der anderen. Nimm die Liebe wahr und die Wertschätzung, den Respekt und die Achtung, die Würde und die Gemeinsamkeit, die Freiheit und die Offenheit, die Freude und die Lebenslust. Fühle deine Leidenschaft und deinen Körper. Spüre dich als Individuum und gleichzeitig die Begeisterung, gemeinsam mit anderen zu sein. Dies ist dein Platz! Der Ort, an dem du auftanken kannst und an dem dir all deine Schätze zur Verfügung stehen.

Nimm wahr, was dieser Platz alles zu bieten hat: die Farben, das Licht und die Stimmung. Vielleicht hörst du bestimmte Geräusche, »dein« Lied oder einfach nur Stille. Fühle, was du fühlst, rieche, was du riechst. Hat dieser Ort einen Geschmack? Gib allem einen Namen und mach es dir noch bequemer, damit du noch mehr davon genießen kannst.

Und während du es dir bequem machst, siehst du vor dir – wie im Kino – einen Film ablaufen. Es ist der Film deines Lebens: Ein Film über einen Menschen, der sein Leben auf Erden in vollen Zügen genießt. Er macht das, was seinen Fähigkeiten entspricht, und lebt seine Werte – gemeinsam mit den Menschen, die er liebt und die ihn beim Leben und Wachsen unterstützen. Woran erkennst du, dass es so ist? Woran wirst du die Menschen aus dem Film im richtigen Leben wiedererkennen? Spüre, wie angenehm es ist, der Hauptdarsteller in diesem Film zu sein. Erkenne die Fähigkeiten deiner Figur im Film – es sind deine Stärken! Der Film ist nun zu Ende, da hörst du eine Stimme fragen: »Und wer will nun das Leben leben, das in diesem Film zu sehen war?« Sofort spürst du ein wohliges Prickeln und weißt, das ist Begeisterung!

Du kommst an einen Busbahnhof. Dort fährt der Bus ab, der dich in dein neues Leben bringen wird. In der Schlange der Wartenden stehen all jene Menschen, die mit dir gemeinsam dein künftiges Leben gestalten werden. Du kaufst dir deine Fahrkarte. Auf ihre Rückseite ist dein Auftrag aufgedruckt – das, was du alles in deinem neuen Leben tun wirst und was du hinterlassen willst. Auf jeden Fall etwas, das die Welt ein Stückchen schöner macht. Da kommt der Bus! Du steigst ein und spürst deine Aufregung. Ein wunderbare Vorfreude breitet sich in dir aus. Jetzt geht es los!

Du bist jetzt bereit, dein Leben zu leben, und zwar gemeinsam mit den Menschen, die mit dir gekommen sind. Spüre diese Begeisterung. Schau dich um und sieh, wie wundervoll es hier überall ist. Vielleicht hat das, was du siehst und empfindest, viel Ähnlichkeit mit dem Platz, an dem du aufgetankt hast – deiner Kraftquelle. Schau in die Gesichter der Menschen, die mit dir unterwegs sind. Auch sie haben sich eine Fahrkarte ins Leben gekauft. Wenn du neugierig bist, frag doch einfach, was auf der Rückseite ihrer Fahrkarten steht. Und vielleicht erzählst du ihnen, was auf deiner Fahrkarte steht. Viel Spaß dabei.

hin zur richtigen Depression. Männer reagieren mit Abwehr und bisweilen aggressiv – sie haben wenig Zugang zu ihren Gefühlen und ihrem Körper. Für beide Geschlechter ist es daher gleichermaßen wichtig, ein Gleichgewicht zwischen innen und außen herzustellen. Im Prinzip reichen 15 Minuten am Tag, um aufzutanken: Die Traumreise auf Seite 152 und 153 ist eine Möglichkeit. Sie könnten aber auch Musik hören, tanzen, ein Bad nehmen oder Sport treiben. Je regelmäßiger Sie das tun, desto schneller regeneriert Ihr Körper.

Sorgen Sie für Gedankenhygiene

Sich seine Mission zu vergegenwärtigen, seine Werte und Visionen zu überprüfen, hört sich nach einer Menge Arbeit an. Das ist auch so, wenn Sie immer wieder versuchen, die Dinge im Kopf zu konzipieren und strategisch umzusetzen, um sie dann exakt nach Plan zu verwirklichen. Wenn Sie in der Gegenwart leben, ist das Auftanken ein Kinderspiel. Wenn Sie mit Ihren Gedanken ganz woanders sind, braucht Ihr Körper starke Reize, um Sie ins Hier und Jetzt zurückzuholen. Je weiter Sie von Ihrer Kraftquelle entfernt sind, desto intensiver müssen die Reize sein, um den Dialog zwischen Körper und Geist wiederherzustellen. Ich erinnere mich an einen Mann, der erfolgreich am Iron Man auf Hawaii teilgenommen hatte. Obwohl er ein begeisterter Ausdauersportler war, hatte er keinen Zugang zu seinem Körper. Seine Bewegungen wurden eckig, sobald es einfach nur ums Spazierengehen oder Tanzen ging. Hatte er kein konkretes Ziel vor Augen – den Wettkampf, die Punkte, den Sieg –, quälte ihn ein irrationales schlechtes Gewissen. Lernen Sie deshalb Ihren Geist von negativen Gedanken und meckerndem »Ja aber« zu säubern. Oft hilft es schon, wenn Sie sich bewusst machen, wie

ERFORSCHEN SIE DIE
STRUKTUR IHRER KRAFTQUELLE

Blättern Sie zurück ins zweite Kapitel auf die Seiten 102 und 103. Mithilfe dieser Übung haben Sie unter anderem herausgefunden, wie Ihre Wahrnehmungssysteme in positiven Situationen »ticken«. Durch die Fragen konnten Sie feststellen, in welchem Wahrnehmungssystem und mit welchen Eigenschaften positive Situationen in Ihrem Innern repräsentiert sind.

Überprüfen Sie nun, ob die Eigenschaften, die in positiven Situationen in Ihnen repräsentiert sind, mit denen übereinstimmen, die Sie empfinden, wenn Sie in Ihrer Kraftquelle sind. Nehmen Sie dazu ein Blatt Papier und beschriften Sie es mit dem Wort Kraftquelle.

Vergegenwärtigen Sie sich einen »magischen Moment« (siehe Seite 150). Sie sind behütet, werden getragen und können einfach loslassen, und es passiert genau das Richtige zum richtigen Zeitpunkt, am richtigen Ort, mit den richtigen Leuten. Lassen Sie zu, dass sich dieses Gefühl in Ihnen ausbreitet.

Gehen Sie nun alle Fragen (siehe Seite 102–103) der Reihe nach durch und beschreiben Sie die Eigenschaften Ihrer Kraftquelle in Bezug auf die fünf Kanäle. Notieren Sie sich Ihre Antworten. Welche Eigenschaften sind am stärksten? Spüren Sie, welche Gefühle dadurch in Ihnen wach werden!

viele negative Gedanken Ihnen permanent durch den Kopf spuken, um mit einem Teil davon aufzuräumen *(siehe auch Seite 50).*

Schwierigkeiten anders bewältigen

Wenn Sie Kontakt mit Ihrer Kraftquelle haben, gehen Sie mit Alltagsproblemen ganz anders um. Weil Sie zufrieden sind und in sich ruhen, werden viele davon plötzlich ganz klein oder gar zu lösbaren

SO HILFT IHNEN IHRE KRAFTQUELLE
AUS SCHWIERIGEN SITUATIONEN

Lernen Sie Ihre Kraftquelle in Situationen zu nutzen, die Ihnen normalerweise Stress bereiten, weil Sie Ihnen Kraft rauben. Damit ist jetzt Schluss!

1. In welcher Situation haben Sie keinen Zugang zu Ihrer Kraftquelle? Was spüren Sie, wenn Sie an diese negative Situation denken? Können Sie etwas sehen oder hören? Hat die Situation einen Geruch oder Geschmack?

2. Stellen Sie sich nun eine Situation vor, in der Sie gelassen bleiben. Wie fühlt sich die Situation an? Was spüren, sehen und hören Sie innerlich?

3. Denken Sie anschließend an Ihre Kraftquelle mit all ihren Farben, ihrem Glanz, ihren Melodien. Spüren Sie, wie sie sich in Ihnen ausbreitet!

4. Auf Ihre rechte Handfläche »legen« Sie nun die unangenehme Situation. Lassen Sie ihr Bild auf sich wirken. Führen Sie die Hand vor Ihre Augen, die Finger sind gespreizt. Auf Ihrer linken Handfläche »liegt« die neutrale Situation, Ihr linker Arm ist nach vorne ausgestreckt.

5. Ihre Augen fokussieren die rechte Handfläche. Sie schauen durch Ihre Finger und sehen Ihre linke Hand. Jetzt ziehen Sie die rechte Hand nach vorne weg, gleichzeitig führen Sie die linke Handfläche an Ihr Gesicht. Spüren Sie, wie sich Ihr Gefühl verändert? Sie haben das Negative weggeschickt und etwas Neutrales zu sich herangeholt.

6. Jetzt wechseln Sie. Stellen Sie sich jetzt die neutrale Situation auf Ihrer rechten Handfläche vor und Ihre Kraftquelle auf der linken.

7. Führen Sie nun den fünften Schritt aus: mit der neutralen Situation auf der rechten und Ihrer Kraftquelle auf der linken Hand. Spüren Sie die neue Qualität des Gefühls. Wiederholen Sie die Übung so lange, bis das Gefühl nahezu magisch ist. Was denken Sie? Was wird sich ändern, wenn Sie der negativen Situation künftig dieses tolle Gefühl entgegensetzen?

Herausforderungen *(siehe Übung Seite 155)*. Sätze, die mit »Ja aber« anfangen, kommen Ihnen eigentlich nur dann in den Sinn, wenn Ihnen die Verbindung zu Ihrer Kraftquelle fehlt.

Manche Menschen haben den Drang, alles, was ihnen nicht passt, so schnell wie möglich zu ändern. Mein Tipp: Lassen Sie sich Zeit, Sie können nichts erzwingen. Akzeptieren Sie, was vorhanden ist. Auch das ist Herzkraft. Das Verdrängen von Problemen ist ebenfalls keine gute Idee. Sie werden immer wieder an die Oberfläche kommen und ihre destruktive Energie entfalten – so lange, bis Sie sich ihnen stellen. In der Auseinandersetzung mit den Problemen liegt ihre Lösung. Nur so können Sie sich befreien und den Weg zu Ihrer Kraftquelle freilegen.

In der Kraft leben

Im ersten Kapitel haben Sie die Fremdbestimmungsspirale kennengelernt *(siehe Seite 54–63)*. Eine der Übungen zeigt Ihnen, wie Sie sich aus der Fremdbestimmung lösen können, indem Sie im siebten Schritt zu Ihrer Kraftquelle gelangen, dort auftanken und die einzelnen Stationen der Spirale zurückgehen. Wenn Sie in Ihrer Mitte, also im Kontakt mit Ihrer Kraftquelle sind, können Sie unendlich viel geben und bewegen – ohne Energieverlust. Im Gegenteil: Ihre Energie vervielfältigt sich sogar, denn alles, was Sie in diesem Zustand tun, ist purer Genuss. In diesem Sinne: Machen Sie Ihr Hobby zum Beruf, und Sie brauchen nie wieder zu arbeiten! Übernehmen Sie Eigenverantwortung für Ihr Leben – Ihre Stärken und Talente unterstützen Sie dabei.

Durch den Kontakt mit Ihrer Kraftquelle wird aus Fremdbestimmung Selbstbestimmung. Plötzlich werden Sie viele positive Erfahrungen machen. Vertrauen Sie mir. Auf einmal werden Sie überall Schönes entdecken – Natur, andere Menschen, Leben. Alles gerät in Bewegung. Durch Ihre Kraft und Offenheit fällt positive Energie auf Sie zurück, Ihre Kraftquelle wird noch stärker, und Sie werden sich Ihrer Stärken und Talente noch bewusster. Das bedeutet auch: Sie ziehen Menschen an, die zu Ihnen passen, und Sie werden sich von jenen verabschieden, die nicht bereit sind, Ihren Weg mitzugehen. Leben Sie Ihre Stärken. Sie werden erfahren, wie das, was Sie sich wünschen, von selbst kommt.

Probieren Sie es doch gleich aus: Wiederholen Sie die Übung von Seite 62, aber beginnen Sie diesmal aus der Mitte. Stellen Sie sich Ihre Kraftquelle vor und gehen Sie, der Spirale folgend, von Ihrer Mission zu Ihren Visionen, Werten, Glaubenssystemen und Strategien bis zu Ihrem Verhalten. Was tun Sie heute, um Ihr Leben lebendig zu gestalten? Was tun Sie, um Ihre Stärken zu leben?

NEHMEN SIE IHRE STÄRKEN AN UND LEBEN SIE SIE

Die Stärken, die Sie leben, sind Fähigkeiten, die Ihnen bereits in die Wiege gelegt wurden, plus der Fähigkeiten, die Sie aufgrund Ihrer Erfahrungen erworben haben. Und selbst das, was Sie erzwungenermaßen lernen mussten, ist gut! Lassen Sie mich das an einem Beispiel erklären: Annemarie, eine schöne Frau mit blond gelocktem Haar, stammt aus einer Unternehmerfamilie und hat einen Bruder, der von der Mutter bevorzugt wurde. Als Kind hat sie alles Mögliche versucht, um Anerkennung zu bekommen. Sie nahm Gesangsunterricht und lernte mehrere Musikinstrumente. Heute spricht sie drei Fremdsprachen fließend, weil ihre Mutter sie aufgrund ihres Sprachtalents auf Reisen mitnahm. Die Konkurrenz zum Bruder spornte sie dazu an, es in mehreren Sportarten zur Perfektion zu bringen. Getrieben wurde sie zu alldem also nicht aus Leidenschaft, sondern aus dem Wunsch nach Anerkennung. Die Fähigkeiten, die Annemarie dadurch heute besitzt, sind außergewöhnlich, doch hat sie das glücklich gemacht? Nun, das hängt davon ab, worauf sie den Fokus richtet – auf ihren Schmerz oder ihre Fähigkeiten: Beide sind real, beide wirken. Die Frage lautet also: »Was muss heilen, damit sie ihre Fähigkeiten annehmen und weiterentwickeln kann?« Annemarie spielte ihre Begabungen herunter und negierte sie sogar. Ihre Stärken waren gekoppelt mit dem Gedanken: »Und es genügt immer noch nicht, um geliebt zu werden.« Also schob sie alles, was sie bereits konnte, zur Seite und studierte Mathematik. Heute unterrichtet sie an der Universität. Musizieren, Sprachen und Sport deklarierte sie zum Hobby. Doch aus seinen Stärken zu leben, bedeutet auch und in erster Linie anzunehmen, was man kann – und damit aufzuhören, es mit dem zu vergleichen, was andere haben.

Es ist gut, dass Sie so sind, wie Sie sind

Und noch etwas: Versöhnen Sie sich mit Ihrer Vergangenheit. Hadern Sie weder mit Ihrem Schicksal noch mit sich selbst. Jeder kann nur das geben, was ihm zur Verfügung steht. Hätte man es damals besser gewusst, hätte man es auch besser gemacht. Schuldzuweisungen bringen Sie kein Stück weiter. Sagen Sie »Ja« und »Danke« zu dem, was Ihnen im Leben widerfahren ist und Sie zu dem Menschen gemacht hat, der Sie heute sind. Dankbarkeit, Güte und Barmherzigkeit sind Schlüssel zu den Herzen. Wer in seinen Stärken lebt, muss nicht den unverwundbaren Alleskönner markieren. Sie müssen nicht besser sein als andere. Gehen Sie raus aus der Konkurrenz, bieten Sie Unterstützung an und lassen Sie sich helfen, wenn es nötig ist. Jeder Tag stellt Sie vor neue Herausforderungen, und Sie müssen aufs Neue entscheiden, welche Sie annehmen und welche Sie ablehnen. Manchmal fällt Ihnen das leicht, manchmal eben nicht. Kein Mensch ist perfekt!

Wie wollen Sie leben: Das ist die Frage

Denken Sie oft, dass Sie erst etwas für sich tun können, wenn alles andere erledigt ist, wenn das Haus renoviert, die Wäsche aufgehängt und der Kredit abbezahlt ist? Doch Vorsicht: Ihre »Beschäftigungsprogramme« werden dafür sorgen, dass Sie nie fertig werden. In der Zwischenzeit reagiert Ihr Körper. Er brennt aus. Und vor lauter Funktionieren verlieren Sie den Zugang zu Ihrer Intuition. Jetzt fragen Sie sicher, was Sie dagegen tun können. Es geht aber um die Frage, wie Sie leben wollen, und nicht darum, was Sie tun können!

Mit der Frage nach dem WAS verlieren Sie den Kontakt zu Ihrem Körper und den Schätzen Ihres Unterbewussten – kurz, zu Ihrer Intuition, denn Ihr Kopf erfasst nur die Spitze des Eisbergs *(siehe Seite 13–16)*, und die reicht nicht, um das Verhalten zu ändern. Der Sitz Ihrer Intuition ist nicht Ihr Kopf, sondern Ihr Bauch – nur er kann Ihnen den Weg zeigen. Mit Worten allein können Sie Ihr Verhalten nicht ändern. Nur wenn Ihre Gefühle mitmachen, wird sich Ihr Verhalten wandeln. Wenn Sie in Zukunft genussvoll leben wollen, müssen Sie sich die Frage nach dem Wie stellen. Wie will ich leben und wie komme ich dahin? Ich sage: Indem Sie Ihre Stärken annehmen! Lesen Sie jetzt, wie Sie diese finden.

Die Stärken der Persönlichkeitsmuster

Im zweiten Kapitel haben Sie die fünf Persönlichkeitsmuster kennengelernt *(siehe Seite 108–121)*, die Ihnen dabei helfen, sich

FINDEN SIE IHRE VERSTECKTEN STÄRKEN –
EINE ENTDECKUNGSREISE

Nicht alle Stärken und Fähigkeiten, die Sie von Natur aus besitzen, leben Sie auch. Manche wurden in Ihrer Kindheit verschüttet und sind bis heute unterdrückt. Finden Sie heraus, welche das sind, damit Sie sie ergänzen und in Ihr Leben integrieren können.

- Kreuzen Sie alle Gefühle und Eigenschaften an, die Sie früher gelebt haben.
- Überlegen Sie nun, welche dieser Gefühle in Ihrer Ursprungsfamilie erlaubt waren und welche verboten.
- Kreuzen Sie jetzt alle Gefühle an, die Sie heute leben.
- Alles, was Sie heute beruflich leben, bekommt einen blauen Kreis.
- Alles, was Sie heute privat leben, bekommt einen roten Kreis.
- Überlegen Sie, welche Eigenschaften aus Ihrer Kindheit Sie heute in Ihrem Leben vermissen. Holen Sie sich diese Gefühle wieder zurück!

	FRÜHER	HEUTE		FRÜHER	HEUTE
Liebe	☐	☐	Lebendigkeit	☐	☐
Wut	☐	☐	Respekt	☐	☐
Gunst	☐	☐	Mitgefühl	☐	☐
Vertrauen	☐	☐	Macht	☐	☐
Ärger	☐	☐	Traurigkeit	☐	☐
Geborgenheit	☐	☐	Unabhängigkeit	☐	☐
Ausdauer	☐	☐	Treue	☐	☐
Einsamkeit	☐	☐	Freiheitsliebe	☐	☐
Kraft	☐	☐	Abhängigkeit	☐	☐
Stärke	☐	☐	Achtsamkeit	☐	☐
Zärtlichkeit	☐	☐	Glück	☐	☐
Gemeinschaft	☐	☐	Trauer	☐	☐
Großzügigkeit	☐	☐	Freude	☐	☐
Geduld	☐	☐	Lebensfreude	☐	☐

[Fortsetzung von Seite 161]

	FRÜHER	HEUTE		FRÜHER	HEUTE
Bewegung	☐	☐	Genießen	☐	☐
Fröhlichkeit	☐	☐	Aktivität	☐	☐
Intensität	☐	☐	Erfolg	☐	☐
Wildheit	☐	☐	Offenheit	☐	☐
Unglück	☐	☐	Entspannung	☐	☐
Langeweile	☐	☐	Teamgeist	☐	☐
Tod	☐	☐	Nähe	☐	☐
Schmerz leben	☐	☐	Klarheit	☐	☐
Leben	☐	☐	Sicherheit	☐	☐
Chaos	☐	☐	Abenteuer	☐	☐
Pünktlichkeit	☐	☐	Ordnung	☐	☐
Perfektion	☐	☐	Toleranz	☐	☐
Genauigkeit	☐	☐	Gelassenheit	☐	☐
Authentizität	☐	☐	Gründlichkeit	☐	☐
Aufrichtigkeit	☐	☐	Mut	☐	☐
Ruhe	☐	☐	Friedfertigkeit	☐	☐
Kompetenz	☐	☐	Lässigkeit	☐	☐
Konkurrenz	☐	☐	Spaß	☐	☐
Anerkennung	☐	☐	Schnelligkeit	☐	☐
Selbstachtung	☐	☐	Enttäuschung	☐	☐
Misstrauen	☐	☐	Kreativität	☐	☐
Fehler zulassen	☐	☐	Dankbarkeit	☐	☐
Begeisterung	☐	☐	Leidenschaft	☐	☐
Dazugehören	☐	☐	Lust	☐	☐

Da, wo Sie zwei Kreuze gemacht haben, liegen die Stärken oder Fähigkeiten, die Sie unschlagbar machen! Da, wo Sie nur unter FRÜHER ein Kreuz gemacht haben, liegen Ihre verschütteten Stärken.

selbst und andere besser zu verstehen. Über das Verhältnis von erworbenen und anerzogenen Mustern unterhielt ich mich einst mit einer Kinderärztin. Nach ihrer Erfahrung sind Kinder bereits mit der Geburt fertige Persönlichkeiten mit einem eigenen Charakter, individuellen Stärken und Schwächen. Durch Erziehung und Lernen werden maximal 20 Prozent der Persönlichkeitsmerkmale beeinflusst. Demnach wäre alles perfekt! Wenn Sie schon alles in sich tragen, müssen Sie Ihre Stärken ja nur noch entdecken und erkennen, also in Ihr Bewusstsein holen, und Ihr Leben läuft rund. Es lohnt sich daher, die Persönlichkeitsmuster noch einmal genauer unter die Lupe zu nehmen.

Stärken des Kleinkindmusters

Menschen, die hier ihre Stärken haben, sind sehr einfühlsam. Zu ihren herausragenden Eigenschaften gehören Hilfsbereitschaft und Teamfähigkeit. In Beziehungen blühen sie förmlich auf. Mit einem Augenaufschlag gewinnen sie andere Menschen für sich und bringen diese dazu, ihnen die Sterne vom Himmel zu holen. Durch ihre natürliche, sympathische Naivität bringen sie Leichtigkeit ins Leben. Spaß gehört bei »Kleinkindern« zu den Werten ersten Grades. Es möchte spielen, ausprobieren, dabei sein, genießen – und am liebsten all das in Gesellschaft. Das Kleinkindmuster tankt dort auf, wo Menschen sind, wo es sich nützlich machen kann und wo für Spaß gesorgt ist.

Die Stärken des Anklägermusters

Zu den Stärken dieses Musters gehört seine Spontaneität. Diese Menschen haben eine schnelle Auffassungsgabe, sprudeln vor Ideen, sind fokussiert und treffen den Nagel auf den Kopf. »Ankläger« sind sehr direkt, bleiben dabei aber sachlich. Sie besitzen

Durchsetzungskraft, und Gerechtigkeit geht ihnen über alles. Mit einem Blick erkennen sie selbst den kleinsten Fehler, daher sind sie im Qualitätsmanagement die ideale Besetzung. »Ankläger« tanken da auf, wo es um Leistung und Anstrengung geht, etwa bei sportlichen Wettkämpfen, wo sie sich so richtig auspowern können. Sie lieben die Herausforderung und den intensiven Körpereinsatz.

Die Stärken des Besserwissermusters

Menschen, die hier ihre Stärken haben, können organisieren. Ihre große Begabung liegt darin, Menschen für Projekte zu begeistern und sie so anzuleiten, dass sie selbst die kompliziertesten Abläufe begreifen und das Projekt schließlich mit Begeisterung zum Erfolg führen. »Besserwisser« sind die ideale Besetzung für Führungspositionen. Aber auch im privaten Bereich behalten sie immer den Überblick. Sie haben ein sehr gutes Gedächtnis, wissen immer, was wo liegt, wer was gesagt hat und wie es um etwas steht. Ihre Vorstellungskraft ist visionär und in die Zukunft gerichtet. »Besserwisser« tanken dort auf, wo Neues auf sie wartet, aber auch mit einem guten Buch oder bei guten Gesprächen auf hohem Niveau.

Die Stärken des Unnahbarenmusters

Menschen, die ihre Stärken in diesem Muster haben, sind auch mit sich allein zufrieden. Sie können sich stundenlang mit etwas beschäftigen und dringen dabei bis ins kleinste Detail vor. Perfektion ist ihr Steckenpferd. Haben sie etwas als richtig erkannt, lassen sie sich nur noch selten vom Weg abbringen. Anerkennung ist ihnen durchaus wichtig, doch bleiben sie lieber im Hintergrund und immer im Kontakt mit ihrer vertrauten Umgebung, die ihnen Schutz und Sicherheit bedeutet. »Unnahbare« tanken gerne allein und in der Natur auf oder dort, wo sie ungestört sind.

Die Stärken des Clownsmusters

Zu seinen großen Stärken gehört sein Optimismus. Diese begnadeten Entertainer lieben es, im Mittelpunkt zu stehen. Sie sind sehr redegewandt, intelligent, kommen schnell auf den Punkt und verstehen es, ihr Publikum zu begeistern. Dabei sind sie unverbindlich, besitzen aber auch Persönlichkeitsanteile vom »Besserwisser«, »Unnahbaren« und »Ankläger«. Rufen Sie einen Clown an, wenn Sie niedergeschlagen sind, er wird Sie garantiert aufmuntern. Menschen, die ihre Stärken im Clownsmuster haben, tanken überall dort auf, wo es geistige, seelische und körperliche Intensität gibt. Kein anderes Muster kann mehr Intensität ertragen.

ÖFFNEN SIE IHRE FILTER UND VERABSCHIEDEN SIE IHRE ILLUSIONEN

Nutzen Sie Ihre Stärken, die sich aus Ihrem dominanten Persönlichkeitsmuster ergeben, und entwickeln Sie die Muster, die bei Ihnen weniger ausgeprägt sind, damit Sie noch mehr Möglichkeiten und Potenzial haben. Dadurch, dass Sie von anderen Persönlichkeitsmustern lernen, werden Ihre Filter durchlässiger, und Ihr Zugang zu Ihren Mitmenschen erweitert sich. Je offener Ihre Filter sind, desto mehr Herzenergie kann fließen, und desto leichter fällt es Ihnen, sich mit Ihren Stärken zu versöhnen.

Kennen Sie Ihre Stärken jetzt? Und passen diese zu Ihren Visionen? Sind Ihre Stärken geeignet, um Sie zu Ihren Visionen zu führen? Oder haben Ihre Visionen gar nichts mit Ihren Stärken zu tun? Seien Sie ehrlich zu sich selbst! Visionen, die nicht zu Ihren Stärken passen, sind Illusionen. Es ist nie zu spät, eine Illusion gegen eine echte Vision einzutauschen. Jede Minute und jede Stunde Ihres Lebens ist zu wertvoll, um sie mit Illusionen zu vergeuden.

Aus vollem Herzen zu leben, beginnt damit, dass Ihre Stärken feste Bestandteile Ihres Denkens und Ihrer Gedanken werden. So finden Sie zu einem liebevollen Umgang mit sich selbst.

Reichtum ist Ihr natürlicher Zustand

Wenn Sie Ihre Stärken kennen und wissen, was Sie wollen und was zu Ihnen passt, macht Sie das reich! Durch das Freilegen Ihres inneren Reichtums, die Entwicklung Ihrer Herzkraft *(siehe Seite 33–43)* und das Bewusstwerden Ihrer Persönlichkeitsmuster, bekommen Sie enorme Kraft und Energie. Wenn Sie sich dessen, was Sie tun, bewusst sind, können Sie entscheiden, ob es gut ist, so wie es ist, oder ob Sie es verändern wollen. Wenn Sie wissen, welche Stärken Sie besitzen, wozu Sie auf dieser Erde sind, welche Visionen Sie verfolgen, wie Sie Ihre Wahrnehmungssysteme aktivieren und welche Muster Sie selbst und andere leben, dann kommen Sie wie von selbst zu einer neuen Einstellung Ihrem Leben gegenüber. Ganz selbstverständlich wird Sie diese neue Einstellung zu einem neuen Verhalten führen, das von Achtsamkeit geprägt ist.

Es geht nicht darum, dass sich jeder seine eigene Welt schafft, in der er nach seiner Fasson glücklich wird, sondern darum, dass Sie erkennen, wie viele Schätze und Geschenke die Welt für Sie bereithält, wenn Sie Ihrer Intuition folgen.

Leben Sie Ihre Stärken und akzeptieren Sie Ihre Schwächen

Sie müssen Ihre Stärken also nicht trainieren, sondern lediglich entdecken und akzeptieren *(siehe Seite 158–165)*. Folgen Sie deshalb ab heute Ihrem Weg und hören Sie auf, für Medaillen zu trainieren, die Sie nie bekommen werden. Wenn Sie die Statur eines Gewichthebers haben, werden Sie nie ein guter Marathonläufer. Wenn Ihre

Stärken im Besserwissermuster liegen, werden Sie in den Stärken des »Kleinkinds« nie ein Meister werden. Sie sollten sich aber durchaus etwas von den Stärken der anderen Persönlichkeitsmuster abschauen, denn das macht Sie reicher in Ihrer Persönlichkeit.

Intuitiv kommunizieren – einander verstehen

Im zweiten Kapitel haben Sie erfahren, dass über 90 Prozent unserer Kommunikation nonverbal abläuft *(siehe Seite 88–96)*. Noch bevor Sie das erste Wort gesprochen haben, hat sich Ihr Gegenüber bereits einen Eindruck von Ihnen gemacht. Sie sehen: Es gibt keinen Grund, vor einem Gespräch oder Meeting nervös zu sein. Wenn Sie sich von Ihrer Intuition leiten lassen, finden Sie die richtigen Worte zur richtigen Zeit. Wenn Ihre Filter weit geöffnet sind und Sie alle Wahrnehmungskanäle nutzen, werden Sie verstanden und verstehen – und auch schwierige Verhandlungen erfolgreich führen. Vermeiden Sie jede Art von Bewertung – damit liegen Sie sowieso in den allermeisten Fällen falsch –, sondern nutzen Sie Ihre Herzkraft *(siehe Seite 32–43)*, beobachten Sie wohlwollend und nehmen Sie wahr, was da ist.

Auch in der Kommunikation gilt: Sobald Sie die Signale Ihres Körpers verstehen und wissen, wie er sich anfühlt, wenn alles gut ist, können Sie sich im Gespräch von diesem Gefühl leiten lassen. Und noch ein Tipp: Geben Sie nur, wenn Sie geben möchten, und lassen Sie es, wenn Sie es nicht wollen. Und: Erwarten Sie nichts, denn durch eine Erwartungshaltung wird Ihre Intuition während des Dialogs getrübt. Frei von Erwartungen und Wertungen werden Sie intuitiv von Ihren Gefühlen und Ihren Empfindungen sprechen und nach denen Ihres Gesprächspartners fragen, statt Vorwürfe zu formulieren und verbale Angriffe zu starten.

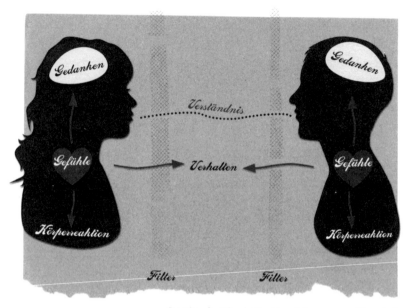

*Je weiter die Filter beider Gesprächspartner geöffnet sind,
desto besser klappt es mit der Kommunikation.
Werten Sie nicht, sondern hören Sie auf Ihre Gefühle.*

Wenn Sie intuitiv kommunizieren, finden Sie immer die richtigen
Worte, weil Sie Ihrem Gesprächspartner gegenüber Ihre Filter weit
öffnen – so entsteht Empathie *(siehe Grafik oben)*. Stellen Sie sich
dazu folgende Situation vor: Sie versuchen Ihrem Gesprächspartner Ihre Gefühle in einer bestimmten Situation zu beschreiben.
Der nimmt viele Dinge aber ganz anders wahr als Sie, daher hat er
auch andere Empfindungen. Nehmen Sie also möglichst alle Impulse auf, die Sie im Dialog spüren! Verlassen Sie sich auf das, was
Sie da wahrnehmen. Teilen Sie Ihrem Gegenüber Ihre Empfindungen mit und kommen Sie darüber ins Gespräch. So lernen Sie sich
besser kennen und können Missverständnisse vermeiden.

In so einem Gespräch kann es passieren, dass Sie versucht sind,
neue Worte zu erfinden, weil es für das, was Sie sagen wollen, noch
keinen passenden Begriff gibt. Kinder sind da sehr kreativ. Ich

erinnere mich an ein Gespräch zwischen meinen vier und fünf Jahre alten Söhnen. Es ging um Mäuse. Da sie nicht wussten, wie eine männliche Maus heißt, erfanden sie das Wort »Mauser«. Bis heute bin ich erstaunt, dass es dieses Wort immer noch nicht in den Duden geschafft hat. Erfinden Sie für Ihre neuen Erfahrungen neue Worte, die Ihr Unterbewusstes versteht. Das macht Spaß!

Maske oder Herz? Es ist Ihre Entscheidung

Glauben Sie, dass Menschen, die scheinbar alles haben und sich mit Statussymbolen schmücken – vom Auto über Titel bis zur Zahl der Mitarbeiter, für die sie Verantwortung tragen –, tatsächlich glücklich sind? Auch das sind Masken! Dahinter verbirgt sich oft die Angst vor Abhängigkeit – Abhängigkeit vom Wohlwollen anderer. Tatsache ist, dass glückliche Menschen nicht im üblichen Sinn erfolgreich sein müssen – aber sie sind frei von Angst.

Viele Menschen vertrauen sich selbst, anderen und dem Leben nicht mehr und verbergen sich hinter Masken, spielen Rollen und bauen Fassaden auf, damit niemand erkennen kann, wer sich dahinter tatsächlich verbirgt. Denn die Angst vor »Berührung« und davor, verletzt zu werden, ist groß.

Sie können sich sicher sein, dass jeder von uns verletzlich ist. Unsere Masken dienen dazu, das zu verbergen. Machen Sie es anders: Setzen Sie sich mit Ihrer Verletzlichkeit auseinander und stehen Sie zu ihr! Ich weiß, das macht zunächst Angst. Schaffen Sie sich also mit Ihrer Kraftquelle einen geschützten Rahmen und reden Sie mit Menschen, die das verstehen – Menschen, die wissen, wovon Sie sprechen. Je öfter Sie in diesem Rahmen über Ihre Schwächen und Ihre Unzulänglichkeiten sprechen und üben, zu diesen zu stehen, desto einfacher wird es Ihnen fallen, Ihr Leben zu leben.

Leben Sie, jetzt

Nachdem Sie die ersten drei Kapitel dieses Buches gelesen und idealerweise sämtliche Tests und vor allem die Übungen mindestens einmal durchgearbeitet haben, wissen Sie es längst: Es gibt bisher unbekannte Wege, die Sie in Ihr neues, selbstbestimmtes Leben führen werden! Sie haben Ihre Herzkraft *(siehe erstes Kapitel)* und Ihre Intuition *(siehe zweites Kapitel)* entdeckt, und Sie haben gelernt, Sie zu nutzen *(siehe drittes Kapitel).* Nichts und niemand kann Sie nun mehr daran hindern, Ihren künftigen Lebensweg zu beschreiten. Vergessen Sie nicht: Es gibt rein gar nichts, was Sie aufhalten kann, und niemanden, dem Sie es recht machen müssen.

Mit diesem Kapitel starten Sie in Ihr neues Leben. Jetzt wird es konkret: Ab heute werden Sie mit sich und den Menschen, die Ihnen wichtig sind, Ihre Zukunft gestalten. Ihre Intuition wird Ihnen bei all Ihren zukünftigen Schritten ein verlässlicher Begleiter sein – darauf können Sie absolut vertrauen. Nutzen Sie die Kraft Ihres Unterbewussten und gestalten Sie Ihr Leben – jetzt!

LASSEN SIE SICH
AUF SICH SELBST EIN

Wenn Sie bereit sind, sich auf Ihren ganz persönlichen Weg einzulassen – und damit auf sich selbst –, kann es passieren, dass Sie sich mit dieser Entscheidung – die durchaus auch schmerzhaft sein kann – zunächst auf einsamem Posten fühlen. Einige meiner Seminarteilnehmer haben mir berichtet, dass sich in dieser Phase zunächst eine Art Leere in ihnen ausgebreitet hat, andere berichten von einem Gefühl großen Durcheinanders. Wenn Sie also diese Bereitschaft in sich spüren und ein mehr oder weniger mulmiges Gefühl dabei haben, dann sind Sie schon sehr weit. Weil Sie die Ursache für diesen inneren Gefühlszustand nicht mehr bei anderen Menschen suchen, so wie Sie es früher wahrscheinlich getan hätten. Sie wissen nun, dass all diese Gefühle mit Ihnen selbst zu tun haben – und das gibt Ihnen die einmalige Chance, diesen Zustand zu verändern. In diesem Kapitel gebe ich Ihnen Gedanken mit auf den Weg, die Sie unterstützen werden.

Vielleicht sind Sie gerade sehr unzufrieden mit Ihrer beruflichen oder privaten Situation, und haben gleichzeitig eine ungeheure Lust, etwas anderes zu tun und sich auf etwas völlig Neues einzulassen. Jetzt können Sie den Status, mit dem Sie bisher durch Ihr Leben gegangen sind, umtauschen gegen das, was Sie stattdessen gerne hätten. Das wichtigste Werkzeug dafür habe ich Ihnen in den vorangegangenen drei Kapiteln bereits an die Hand gegeben. Machen Sie die ersten wertschätzenden Schritte in Ihr neues Leben!

Alles, was Sie suchen, ist bereits tief in Ihnen angelegt *(siehe Seite 140–165)* und wird im Außen reflektiert *(siehe Seite 108–133)*. Sie müssen sich nur umschauen. Die Entscheidung, welche Richtung Ihr Leben ab heute nehmen soll, liegt jetzt allein bei Ihnen!

Werden Sie Experte in eigener Sache

Zuallererst: Es ist nichts Falsches daran, sich selbst zu lieben. Das hat nichts mit Eitelkeit zu tun, sondern mit Wertschätzung. Sie sind es wert, das Leben zu leben, das zu Ihnen passt! Entdecken Sie die Liebe zu sich selbst und nehmen Sie sich so an, wie Sie sind – mit all Ihren Schwächen, aber vor allem mit Ihrem unglaublich reichen Schatz an Talenten und Stärken. Seien Sie mutig und haben Sie Zuversicht: Ihrer inneren Stimme können Sie bedingungslos vertrauen, denn sie will nur Ihr Bestes, und sie kennt Ihre Herzenswünsche und Stärken. Eine meiner Kolleginnen hat es einmal folgendermaßen ausgedrückt: »Sie sind selbst der talentierteste Manager Ihres Lebens, Ihr weltbester Diplomat, Innenminister und Außenminister, Ihr erkenntnisreichster Wissenschaftler, Ihr erfolgreichster Anlageberater, Ihr einfühlsamster Beraterfreund und Ihr bester Lehrer.« Sie selbst sind also der kompetenteste Experte in eigener Sache! Sie werden für sich immer nur das Beste wollen, und Sie wissen selbst sehr genau, wann Sie flunkern oder sich gar selbst belügen und wann Sie ehrlich mit sich sind.

Es ist nie zu spät

Viele meiner Kursteilnehmer sagen früher oder später: »Eigentlich müsste an jeder Schule das Fach ›Intuition‹ unterrichtet werden.« Und tatsächlich könnte man sich viele Umwege im Leben sparen, wenn man von Anfang an wüsste, was zu einem passt und was man will. Das Gute ist: Die Schule des Lebens gibt Ihnen jetzt die Chance, es zu lernen. Es ist nie zu spät, sich zu fragen: »Was will ich wirklich? Welche meiner Stärken machen mein Leben lebenswerter? Wodurch wird mein Leben leichter? Wie kann ich mein Leben gestalten, damit sich andere zu mir hingezogen fühlen?«

Im Hier und Jetzt haben Sie die maximale Kraft

Das Tröstliche an der Vergangenheit ist, dass sie vorbei ist! Das Gute an der Zukunft ist, dass sie noch vor uns liegt. Das Geniale an der Gegenwart ist, dass wir heute unsere Zukunft gestalten können. Es liegt also ganz allein in Ihrer Hand, wie sie morgen leben. Das ist ein ganz klein wenig wie beim Golfspielen. Wenn Sie beim Abschlag in Ihren Gedanken bei Ihrem Handycap sind oder bei der Bewegung, die Sie mit dem Schläger ausführen, statt Ihre ganze Aufmerksamkeit auf den Moment zu richten, treffen Sie meistens das Gras oder die Luft über dem Ball. Was soll ich sagen: Knapp vorbei ist auch daneben! Bleiben Sie also mit Ihrer ganzen Aufmerksamkeit in der Gegenwart. Fangen Sie bei sich an – in Ihrem Inneren – und machen Sie anschließend einen Schritt nach dem anderen. Ich weiß: Sie wollen den Partner, der zu Ihnen passt, den Job, die Freunde und Kollegen, die Kinder – kurz, das Leben, das Sie glücklich macht, und zwar sofort. Mein Rat: Machen Sie den ersten Schritt, alle anderen werden folgen.

ÜBERNEHMEN SIE DIE REGIE IN IHREM LEBEN

Wir leben in einer Zeit, in der viele großen Kämpfe schon ausgefochten und in der die meisten Rätsel schon gelöst worden sind: in der Zeit nach der Emanzipation, in der Zeit des Postmaterialismus, in einer Zeit, in der Wissenschaft und Forschung scheinbar kaum noch vor unlösbaren Aufgaben stehen.

Aber auch die Zeiten der naiven Fortschrittsgläubigkeit und des bedingungslosen Kapitalismus sind vorbei. Längst haben die meisten von uns erkannt, dass dieses Streben nach materiellen Gütern und finanziellem Wohlstand um jeden Preis uns persönlich, sozial, politisch und wirtschaftlich nicht weiterbringt, sondern uns ganz im Gegenteil in die Krise führt.

Jetzt können wir uns neuen Dingen zuwenden – nämlich uns selbst! Sie haben das Recht, sich mit sich selbst zu beschäftigen, den Begriff Erfolg für sich neu zu definieren, sich Zeit zu nehmen, um Neues auszuprobieren und zu genießen, was dabei herauskommt. Sobald Sie begriffen haben, dass sowohl Ihre alten Rollen als auch Ihre neuen nichts weiter sind als Rollen – also keine Identitäten! –, können Sie auch Ihre Mission Stück für Stück als Abenteuer verstehen. Sie besitzen sehr viel Macht – und damit meine ich keinesfalls Macht über andere. Was Sie besitzen, ist die Macht, über sich selbst zu bestimmen und über Ihre innere Führung. Es liegt allein in Ihrer Hand, Ihre Fähigkeiten in Einklang zu bringen mit dem, was Sie sind, was Sie wollen und was Sie begeistert.

Lassen Sie sich von geflügelten Worten wie »Lieber die bekannte Hölle als den unbekannten Himmel« nicht länger aufhalten. Natürlich macht das Unbekannte zunächst Angst, doch wenn Sie den Himmel haben wollen, dann ist jetzt die Zeit gekommen, um die Konsequenzen zu ziehen. Nutzen Sie die Kraft Ihrer Begeisterung und vor allem die Kraft Ihrer Gedanken!

Erkennen Sie die Macht Ihrer Gedanken

Jeder Gedanke, der gedacht worden ist, bewegt etwas. Ihre Gedanken bewegen zuallererst in Ihnen etwas. Ist ein Gedanke in der Welt, bildet er ein Stückchen Wirklichkeit. Alles, was wir über uns oder andere denken, bewirkt etwas in uns und kreiert eine bestimmte Stimmung und eine eigene Realität. Wichtig ist aber auch, was Sie sich zu denken getrauen. Jeder neue Gedanke, den Sie zulassen, wird

TRAUMREISE –
MEIN ZAUBERSTAB

Nehmen Sie sich genug Zeit, um sich die folgenden Worte in all ihrer Pracht auszumalen. Und denken Sie daran: Ein Zauberstab macht alles möglich! Damit sich Ihr Unterbewusstes angesprochen fühlt, werden Sie im Text geduzt.

Stell dir Folgendes vor: Du hast alle Stärken wiederentdeckt, die dir bereits in die Wiege gelegt worden sind, du besitzt absoluten Zugang zu deiner Intuition, deine Gedanken sind klar, dein Kopf und dein Bauch arbeiten Hand in Hand, du lebst aus vollem Herzen, deine Herzenergie ist ganz stark, du triffst alle Entscheidungen intuitiv und besitzt einen Zauberstab.

Bevor du schlafen gehst, verzauberst du damit die Welt. Du zauberst dir die Welt genauso, wie du sie haben willst. In dieser Welt passt einfach alles zu dir: deine Arbeit, dein Partner, deine Kinder, deine Freunde, der Urlaub, die Kollegen, das Geld, dein Zuhause und was du dir sonst noch wünschst. Wenn du am Morgen aufwachst, ist deine Welt tatsächlich so, wie du sie schon immer haben wolltest. Woran bemerkst du das? Woran werden die Menschen, die dir wichtig sind, das feststellen?

Maschen in Ihrem Filter öffnen – dadurch erweitern Sie Ihre Perspektive, Ihren Fokus, Ihr Potenzial und Ihre Möglichkeiten.

Überzeugen Sie sich von der Macht Ihrer Gedanken und begeben Sie sich auf eine Traumreise *(siehe Übung auf dieser Seite)*. Anschließend kümmern wir uns in einer weiteren Traumreise um Ihre inneren Persönlichkeitsanteile, die dafür sorgen, dass Sie in die eine oder in die andere Richtung gehen *(siehe Übung Seite 176–177)*. Darunter fallen etwa Eigenschaften wie Freude und Kraft oder Fähigkeiten wie zuzuhören oder Grenzen zu setzen.

TRAUMREISE ZUM KONGRESS DEINER
INNEREN PERSÖNLICHKEITSANTEILE

Auch bei dieser Traumreise werden Sie geduzt, damit sich Ihr Unterbewusstes angesprochen fühlt. Sie können sich den Text laut vorlesen, auf Band aufnehmen und abhören oder einfach durchlesen und spüren, was er mit Ihnen macht. Machen Sie es sich an einem angenehmen Ort bequem und sorgen Sie dafür, dass Sie in den kommenden 15 Minuten ungestört sind.

Dein Unterbewusstes ist wie ein Freund – dein bester Freund, der dich in all deinen Wünschen und Fragen unterstützt! Diesen Freund kannst du jederzeit um Hilfe bitten, denn er ist immer für dich da und immer bei dir. Auch hier und heute. Heute ist ein besonderer Tag für dich, denn es findet ein außergewöhnlicher Kongress statt: der Kongress deiner inneren Persönlichkeitsanteile. Und alle werden kommen, denn sie sind die absoluten Experten auf ihrem Gebiet – hochqualifiziert und bestens informiert. Wie du ja weißt, werden nur solche Teilnehmer auf einen Kongress eingeladen, die absolut kompetent sind und zu den Besten ihres Faches gehören.

Stellt dir einen Ort vor, an dem alle deine Persönlichkeitsanteile Platz finden – vielleicht ist das ein großer Hörsaal, eine Freilichtbühne oder eine wunderschöne Lichtung. Mal dir die Situation in den schönsten Farben aus: Wie würdest du diesen Anlass für deine Gäste gestalten?

Es ist so weit: Die Türen gehen auf – begleitet von deiner inneren Musik nehmen all deine Persönlichkeitsanteile Platz. Schau sie dir einmal ganz genau an, einen nach dem anderen: Sind sie nicht wunderschön? Wie viele kennst du schon persönlich? Wen hast du noch nie gesehen? Vielleicht hast du mit dem einen oder anderen schon mal gesprochen – im inneren Dialog sozusagen. Und umgekehrt: Erkennen sie dich alle? Jetzt ist es Zeit, dich vorzustellen! Geh auf die Bühne, begrüße deine Gäste und stell dich vor: Erzähle, wer du bist, was du machst, worin du besonders gut bist, was du noch lernen willst und was dir besonders wichtig ist. Sprich auch von deinen Herausforderungen und deinen Stärken. Schließlich erklärst du deine Visionen, mit deren Hilfe du deine Mission erfüllen willst, und erzählst von deiner Herzkraft, die dich dabei unterstützt.

Schau dich in der Runde um. Nimm die Begeisterung wahr. Vielleicht ist der eine oder andere Experte aber auch skeptisch. Bitte diejenigen, die Bedenken haben, ihre Einwände vorzutragen. Hör genau hin, denn diese Teile deiner Persönlichkeit machen sich Sorgen um dich. Sie wollen dich beschützen und dir etwas mitteilen. Gleich wirst du sie fragen, ob sie bereit sind, gemeinsam mit den anderen Persönlichkeitsanteilen den von dir vorgeschlagenen Weg zu gehen – und dich weiterhin zu beschützen. Es handelt sich dabei um den Weg, der es dir erlaubt, aus vollem Herzen zu leben. Doch zuvor bittest du darum, dass sich deine Kraftquelle im ganzen Raum ausbreitet und jedem der Anwesenden all das gibt, was er braucht, um in die Herzenenergie zu gehen. Lass dir von deiner Kraftquelle den Weg zeigen, auf den sich deine inneren Persönlichkeitsanteile begeben sollen. Und jetzt fragst du sie, ob sie bereit sind, diesen Weg für dich zu gehen. Wenn einer noch etwas braucht, um mitgehen zu können, bitte deine Kraftquelle, ihm dies zu geben, sodass er zufrieden ist, mitmachen und sich mit all seinen Stärken einbringen kann. Und nun bitte darum, dass all deine Teile einen inneren Führer wählen. Jemanden, der darauf achtet, dass immer genug Energie da ist und alles, was nötig ist, damit der Weg beschritten werden kann. Jemanden, der Kontakt mit dir aufnimmt, wenn etwas nicht stimmt, damit du zu handeln vermagst. Vereinbare mit dem inneren Führer ein Zeichen, um Kontakt zu ihm aufnehmen zu können, wenn du willst.

Anschließend bedankst du dich bei allen und gibst deinen inneren Persönlichkeitsanteilen die Erlaubnis, unter der neuen Führung auf dem Weg deiner Herzkraft zu gehen. Sie haben einen guten Führer, der mit deiner Kraftquelle in Verbindung ist. Sie wissen jetzt, wo du hinwillst und was dir wichtig ist. Deshalb werden sie dich bei jedem deiner Schritte unterstützen. Und während sie den Weg weitergehen, den du ihnen gezeigt hast, findest du langsam wieder zurück in die Gegenwart. Strecke dich, atme tief ein und aus und spüre, wie schön es ist, die Welt ganz entspannt zu genießen, während andere für dich arbeiten – voller Enthusiasmus und Leidenschaft.

RAUS AUS DER KOMFORTZONE –
TRAUEN SIE SICH

»Warum habe ich das bloß nicht früher gemacht?« Diesen Satz höre ich ganz oft in meinen Seminaren. Viele Teilnehmer finden den Weg in meine Kurse häufig erst über den Schmerz, eine Krise oder die verzweifelte Einsicht, dass es so nicht weitergehen kann im Leben. Seit Jahren bin ich intensiv auf der Suche nach Motivatoren, die uns Menschen dazu bewegen können, nach Lösungen zu suchen, bevor wir so sehr an uns oder unseren Lebensumständen leiden, dass der Schmerz darüber fast unerträglich wird. Aber es scheint eine Tatsache zu sein, dass wir erst, wenn wir dieser Leere begegnen oder vor einem Abgrund stehen, innehalten und fragen können: »Was will ich wirklich in diesem Leben?« Erst in der Krise, wenn nichts mehr geht, fangen wir an, nach anderen Wegen zu suchen, und trauen uns aus unserer Komfortzone heraus.

Jeder, der dieses Buch liest, hat die Chance, sich diese wesentliche Frage zu beantworten, bevor das Kind in den Brunnen gefallen ist. Füllen Sie dazu den Merkzettel »Das bin ich! Das kann ich! Das will ich!« *(siehe Übung Seite 180–181)* und den Fragebogen »Was ich mir wirklich wünsche« *(siehe Übung Seite 182–183)* aus.

Damit Sie das verinnerlichen, was Sie bis hierhin gelernt haben, brauchen Sie Zeit. Es dauert einfach, bis Ihr neues Denken in jeder Zelle Ihres Körpers angekommen ist und Ihr Herz stärker ist als Ihr Kopf. Geben Sie sich diese Zeit und gehen Sie in dieser Phase liebevoll mit sich um. Das haben Sie verdient! Es ist das eine, zu verstehen, und etwas anderes, dies auch verinnerlicht zu haben, bis es in Fleisch und Blut übergegangen ist. Dieses Buch wird Sie dabei unterstützen, Ihren Weg zu finden, und kann Sie begleiten, doch Ihre Entscheidungen treffen Sie ab jetzt mithilfe Ihrer Intuition.

Es gehört Mut dazu, Neues zuzulassen und alte Gewohnheiten zu ändern. Und um andere Menschen hinter Ihre Fassade blicken zu lassen, brauchen Sie Vertrauen. All das wird Ihnen leichtfallen und Spaß machen – ohne oberflächlich zu sein. Es wird intensiv und berührend sein, ohne dass Sie den Boden unter den Füßen verlieren. Am Ende werden Sie sich fühlen, als sei ein Wunder geschehen. Nehmen Sie wahr, wo es Ihnen noch an Wertschätzung mangelt, und füllen Sie das mit Ihrer Herzkraft *(siehe Seite 32–43)*. Verlassen Sie Ihre Komfortzone und entscheiden Sie sich heute für Ihr Leben.

Leben heißt Intensität auszuhalten

Dennoch: Wir alle – auch ich – kommen immer wieder in kritische Situationen, geraten in Krisen oder einfach in Lebensumstände, in denen wir zunächst einfach nur funktionieren. Doch etwas hat sich verändert: Ab jetzt werden Sie bemerken, wenn das passiert! Und wenn Sie merken, dass Sie nur funktionieren, dann haben Sie ab heute einfach mal wieder etwas gefunden, was Sie in Ihrem Leben verändern werden. Denn ab heute gestalten Sie Ihr Leben! Was Sie dazu brauchen, haben Sie in den vorangegangenen Kapiteln erfahren, und mit den Übungen von Seite 180 bis 183 vertiefen Sie es.

Erkennen Sie an, was Sie über sich und Ihre Stärken und Wünsche lernen – ohne es »wegzuwischen« oder zu verdrängen. Überprüfen Sie, welche Gefühle Ihre Wünsche in Ihrem Körper auslösen *(siehe Übung Seite 25 und 186)* und erlauben Sie sich auch, Intensität aufkommen zu lassen und diese auszuhalten. Wenn Sie die Intensität in einem unangenehmen Bereich spüren, erkennen Sie zum einen, wie dringend eine Veränderung erforderlich ist, gleichzeitig können Sie diese Intensität in den positiven Veränderungsprozess mitnehmen *(siehe Übung Seite 107)*. Ihre Bereitschaft, sich und Ihr

DAS BIN ICH!

DAS KANN ICH! DAS WILL ICH!

Notieren Sie auf diesem Merkzettel nun alles, was für Sie wirklich wichtig ist. Nehmen Sie den Zettel immer wieder zur Hand – besonders, wenn neue Entscheidungen anstehen und Sie neue Schritte definieren. Daraus ergibt sich für Ihre Zukunft ein übersichtliches, chronologisches Programm, das auch für Ihren Kopf nachvollziehbar ist. Wenn Ihr Bewusstsein erkannt hat, wo Sie hinwollen, kann Ihr Unterbewusstes völlig automatisch in Ihrem Sinne für Sie arbeiten. Ganz wichtig jedoch ist: Bei allem geht es darum, dass Sie in Bewegung kommen. Achten Sie also auf Eigenverantwortung, denn Sie können andere nicht verändern, wohl aber sich selbst.

Dieser Merkzettel wird Sie längere Zeit begleiten. Sie können ihn jederzeit verändern und ergänzen, sobald Sie etwas Neues entdecken.

1. Was ist Ihnen im Leben absolut wichtig – privat, beruflich, für Sie ganz persönlich?

_____

_____

2. Wo tanken Sie auf? Wo holen Sie sich Kraft?

_____

3. Was ist Ihre Mission?

_____

4. Was ist Ihre Vorstellung von einem lebendigen Miteinander, in dem jeder seinen Platz hat und aus vollem Herzen leben kann?

_____

_____

5. Ihre vier wichtigsten Werte ersten Grades sind:

6. Ihre vier wichtigsten Werte zweiten Grades sind:

7. Ihre vier wichtigsten Werte dritten Grades sind:

8. Auf welche Ihrer Talente sind Sie besonders stolz?

9. Welche Ihrer Stärken halten Sie bis heute unter Verschluss?

10. Worin sind Sie olympiareif? Was ist Ihre größte Stärke?

11. Wofür lohnt es sich, morgens aufzustehen?

12. Wofür schlägt Ihr Herz höher?

13. Wie definieren Sie Erfolg?

FRAGEBOGEN –
WAS ICH MIR WIRKLICH WÜNSCHE

1. Was ist Ihr Wunsch im Hinblick auf Ihr Verhalten?

2. Angenommen, Sie könnten Ihren Wunsch leben: Ist er mit dem vereinbar, was Ihnen im Beruf, in Ihrer Beziehung oder für sich selbst wichtig ist? Falls nicht, worauf müssten Sie verzichten, um Ihren Wunsch umzusetzen?

3. Ist bei Ihrem Wunsch gewährleistet, dass Sie auftanken können? Wenn ja, wie? Wenn nein, wie lange können Sie ohne Auftanken auskommen?

4. Bringt Ihr Wunsch Sie Ihrer Mission näher? Und wenn ja, wie?

5. Inwieweit unterstützt Ihr Wunsch Sie dabei, Ihre Visionen umzusetzen?

6. Werden Ihre Werte ersten Grades bei diesem Wunsch berücksichtigt?

7. Sind die Werte zweiten und dritten Grades berücksichtigt? Auf welche verzichten Sie? Sind Sie bereit dazu? Wie lange können Sie darauf verzichten?

8. Werden Ihre Stärken gefordert, wenn Sie dem Wunsch nachgehen? Falls nicht, was müssten Sie lernen, damit Sie Ihren Wunsch umsetzen können?

---

9. Können Sie Ihre Fähigkeiten einbringen? Falls nicht, welche Fähigkeiten müssten Sie noch erlernen, um Ihren Wunsch in der Realität zu verwirklichen?

---

10. Lohnt es sich, für Ihren Wunsch früh aufzustehen?

---

11. Was ist es, das Ihr Herz bei diesem Wunsch höher schlagen lässt?

---

12. Ist das, was Sie mit der Verwirklichung Ihres Wunsches erreichen können, gleichbedeutend mit dem, was Sie unter Erfolg verstehen?

---

13. Denken Sie noch einmal über alle bisher erarbeiteten Punkte nach: Sind Sie bereit, Ihren inneren Wunsch zu realisieren, oder haben Ihnen Ihre bisherigen Antworten gezeigt, dass Sie das zu viel Kraft kosten würde?

Wie auch immer Sie sich entscheiden, tun Sie es! Sie können Ihrer Intuition vertrauen. Damit Ihr Unterbewusstes Sie darin unterstützt, Ihre Entscheidung auch in der Realität umzusetzen, fahren Sie mit der Übung auf Seite 186 fort.

Verhalten zu ändern, eröffnet Ihnen neue Perspektiven und damit neue Möglichkeit. So werden Sie immer wieder vor neuen Entscheidungen stehen – denn Stillstand kennt das Leben nicht.

Intuitiv entscheiden – so geht's

Woran erkennen Sie aber, dass eine Entscheidung richtig ist? Zunächst könnten Sie Ihren Bauch befragen. Mithilfe des Intuitionsdetektors *(siehe Seite 25)* geht das ganz einfach. Schreiben Sie jede Möglichkeit, die infrage kommt, auf ein Blatt Papier. Was sagt Ihr Körper dazu? Wenn eine der Möglichkeiten Stress bei Ihnen erzeugt, können Sie nach Lösungswegen suchen. Prüfen Sie Ihre Optionen also vorausschauend, solange noch Zeit ist. Wenn Sie unter Druck geraten, könnten Sie nur allzu leicht den Kontakt zu Ihrer Intuition verlieren. Ein Beispiel: Sie stehen vor der Entscheidung, in eine andere Stadt zu ziehen, und Sie haben drei Möglichkeiten: Paris, London oder Rom. Die wirklich freie Wahl hätten Sie, wenn alle drei Städte bei Ihnen positiv besetzt wären und Sie sich das Leben in jeder dieser Städte vorstellen könnten. Sobald aber eine oder zwei negative Reaktionen auslösen, sind Sie in Ihrer Entscheidung schon nicht mehr frei. Also entscheiden Sie sich streng genommen nicht wirklich: Es bleibt ihnen gar nichts anderes übrig, als die negativ besetzten Städte auszuschließen.

Was also tun? Nutzen Sie die Klopfpunkte *(siehe Seite 67)*, um Ihre Gedanken zur Ruhe zu bringen und Stress abzubauen. Sie können jede Entscheidung intuitiv treffen, wenn Sie entspannt und ausgeglichen sind. Lassen Sie sich die Zeit, die Sie brauchen, und Sie werden wissen, wann der richtige Zeitpunkt ist, um den ersten Schritt zu machen. Wenn wichtige Entscheidungen anstehen, bitte ich abends beim Zubettgehen mein Unterbewusstes, mir am kommenden Morgen eine Antwort zu geben. Meistens ist die Antwort sehr schnell da. Das funktioniert, weil unser Unterbewusstes nachts, wenn wir schlafen, am effektivsten arbeitet.

So fühlt sich Leben an

Wenn Sie alles, was Sie unternehmen, mit Freude tun und aus der Begeisterung heraus, etwas zu schaffen oder zu kreieren, dann müssen Sie sich nie mehr von Ihrer Arbeit oder Ihrem Alltag erholen. Tun Sie, was Sie tun, weil Sie es tun wollen und es Ihnen etwas gibt: Das ist Reichtum, purer Erfolg, pralle Fülle – kurz: Ihr Leben! Zu leben und seinen eigenen Weg zu gehen, hat zu tun mit loslassen, annehmen, abgeben, sich als Mann oder Frau vollwertig und akzeptiert zu fühlen, sich verwöhnen zu lassen, andere zu verwöhnen, Beziehungen zu gestalten, Menschen nah an sich herankommen zu lassen, Verantwortung zu übernehmen, zu gestalten, sich einzubringen, zu verändern, zu führen und sich führen zu lassen, zu lieben und zu erlauben, geliebt zu werden.

Es gibt keine Fehler, nur Erfahrungen

Und noch etwas: Fehler zu machen, ist wichtig! Jeder Fehler ist eine neue Erfahrung. Verabschieden Sie sich von dem Gedanken, dass ein »Fehler« etwas ist, das einfach nicht passieren darf. Aus Fehlern lernen Sie, und aus Fehlern lernen heißt vorwärtsgehen.

Die amerikanischen Ureinwohner zum Beispiel kannten den Begriff »Fehler« nicht. Die Kinder der Indianer gehörten dem ganzen Stamm, und jedes erwachsene Mitglied war an ihrer Erziehung beteiligt. Wenn ein Indianerkind bei einer Sache nicht weiterkam oder etwas gemacht hatte, das in eine andere als die gewünschte Richtung ging, kam ihm ein Erwachsener zu Hilfe und

SCHENKEN SIE IHREM HERZ
EIN NEUES KLEID

Mithilfe dieser Übung können Sie Ihr Unterbewusstes aktivieren, um ein neues Verhalten mit Leichtigkeit zu erlernen. Machen Sie diese Übung, wenn Sie unsicher sind, ob Sie Ihr neues Verhalten wirklich umsetzen können.

1. Sie möchten in einer bestimmten Situation künftig anders reagieren als bisher. Wie? _____

2. Welche Person, die Sie kennen, verhält sich in diesem Sinne? Wer ist Ihr Vorbild? (Das können Freunde sein, aber auch Schauspieler, Märchenfiguren, was immer Ihnen am ausdrucksvollsten erscheint.)

_____

3. Woran erkennen Sie, dass diese Person sich genauso verhält, wie Sie es gerne täten? Welche Einzelheiten fallen Ihnen an ihrem Verhalten auf?

_____

4. Stellen Sie sich in Gedanken neben diese Person und lassen Sie zu, dass ihre Eigenschaften (Stimme, Bewegung, Körperhaltung) und andere Einzelheiten (Farben, Licht, Töne) auf Sie übertragen werden.

5. Gehen Sie zu sich selbst zurück und steigen Sie förmlich in Ihren Körper ein, so als ob Sie zum Beispiel einen Overall anziehen würden.

6. Was ist anders als vorher? Was hat sich verändert?

_____

7. Gehen Sie ein paar Schritte in Ihrem neuen Kleid auf und ab. Was hat sich verändert? _____

8. Genießen Sie dieses neue Gefühl noch ein wenig und malen Sie sich aus, was in der Zukunft anders laufen wird.

zeigte ihm, welchen Schritt es als Nächstes machen musste, um
ans Ziel zu gelangen. Dann durfte das Kind die Aufgabe allein zu
Ende bringen – mit dem Ergebnis, dass es ein Erfolgserlebnis hatte
und zufrieden war. In unserer Gesellschaft sind Fehler ein Makel,
sie werden ausgemerzt, mit Punktabzug und schlechten Noten
bestraft und führen zum Tadel. Wir lernen also früh, dass es etwas
sehr Unangenehmes ist, Fehler zu machen.

Kennen Sie den Spruch: »Wer nichts macht, kann wenigstens
keine Fehler machen«? Ja, aber er macht auch keine Fortschritte,
bleibt starr und leblos. Jeder Schritt, egal in welche Richtung, ist
allemal besser als Stillstand. Jede Entscheidung, die Sie treffen,
verschafft Ihnen einen neuen Standpunkt, und jeder neue Standpunkt gibt Ihnen die Möglichkeit, neu zu entscheiden und sich zu
bewegen. Damit Sie in Phasen der Unsicherheit so wenig Energie
wie möglich vergeuden, ist es wichtig, dass Sie immer Ihre Mission vor Augen haben – wie einen Kometen am Nachthimmel, der
Ihnen den Weg leuchtet. Wenn Sie diesen Stern im Auge behalten,
dann wird Ihr Bauch Sie leiten!

DIE MAGIE
DES LEBENS

Es kommt nicht selten vor, dass mich Teilnehmer nach einem
dreitägigen Seminar anrufen und mir berichten, es sei ein Wunder
passiert. So erinnere ich mich etwa an Josef, einen reifen Mann,
der auf der Suche nach seiner männlichen Identität war. Er wollte
kein Macho sein, aber auch kein sogenannter Softi. Wie also die
Mitte finden – oder besser: sein inneres Selbst? Vier Wochen nach
dem Seminar rief er mich an, um mir zu erzählen, was passiert
war. Dazu müssen Sie Folgendes wissen: Josef, dessen Eltern als

Entwicklungshelfer arbeiteten, kam in einem Krisengebiet zur Welt. Er war noch ein Baby, als dort Krieg ausbrach und die Eltern beschlossen, das Land zu verlassen. Aber nur Frauen und Kinder durften zunächst ausreisen. Also flog Josef mit seiner Mutter nach Hamburg, der Vater sollte so bald wie möglich nachkommen. Doch er kam nie. Und obwohl alles getan wurde, um sein Schicksal zu klären, blieb Josefs Vater verschollen. Später heiratete die Mutter wieder und zog nach Süddeutschland. Als Josef zu mir kam, war er bereits über 50 Jahre alt und hatte selbst drei Söhne. Während er auf dem Seminar war, hatte sein 17-jähriger Sohn im Internet nach dem verschollenen Großvater geforscht. Als Josef nach Hause kam, eröffnete ihm der Sohn: »Papa, ich habe Opa gefunden! Und auch schon angerufen und gesagt, dass du dich melden wirst.« Vielleicht können Sie sich vorstellen, welche Emotionen diese Nachricht in Josef wachrief. Nachdem er die Telefonnummer gewählt hatte, meldete sich eine alte Dame – und sie kannte Josefs Vater tatsächlich. Also fuhr Josef zwei Tage später nach Hamburg, wo er vor über 50 Jahren mit seiner Mutter gelandet war. Sein Vater war inzwischen gestorben, doch in seinem Portemonnaie steckte das gleiche Bild, das auch Josefs Mutter immer bei sich trug: eine Fotografie, die die junge Familie vor ihrer Trennung zeigte. Josefs Vater konnte damals erst zwei Jahre später ausreisen, doch als er wieder in Deutschland ankam, war seine Familie nicht mehr aufzufinden.

Wenn Sie bereit sind, Dinge für sich zu finden, passiert es nicht selten, dass Ihnen unerwartete Schätze in den Schoß fallen. Manchmal auch solche, die Sie schon ein Leben lang gesucht haben. In diesen Momenten haben Sie das Gefühl, dass ein Wunder geschieht!

Josef jedenfalls hat seinen Weg gefunden, und der ist viel bunter, leidenschaftlicher und leichter, als er sich das jemals vorgestellt hat. Er hat seine Herzkraft entwickelt *(siehe Seite 32–43)* und kann heute selbst in den kleinsten Kleinigkeiten Großes entdecken. Erst neulich traf ich ihn wieder. Er hatte eine unwahrscheinlich positive Ausstrahlung, und als wir uns verabschiedeten, sagte er mir: »Das Leben ist schön. Gott sei Dank darf ich das fühlen.«

Ihre Seele nimmt die Farben Ihrer Gedanken an

»Das kann doch nicht alles gewesen sein!?« Am Anfang steht immer eine Frage! Sie entstehen, wenn ein Puzzleteil in Ihrem Leben fehlt. Fragen sind es, die Sie wachrufen und Sie in Ihrem Leben führen. Sie sind es auch, die Ihre Intuition wecken. Erst wenn Sie eine Frage haben, werden Sie sich auf den Weg machen. Über Ihre Sinne werden Sie das finden, was für Sie Sinn hat. Ihre Intuition wird Sie auf diesem Weg leiten, und Sie werden inspirierenden Momenten, Gesprächen und Impulsen begegnen, die im Wechselspiel mit Ihrem Inneren stehen.

Denken Sie nur an Josef. Seine Frage lautete: »Wer bin ich? Woher komme ich?« Die Antwort kam scheinbar zufällig und auf einem völlig anderen Weg, als er je vermutet hätte. Das Wechselspiel zwischen Innen und Außen wird auch Ihre Vorstellungskraft stimulieren und aus Ihrem Innern heraus Erkenntnisse generieren, die in diesem Wechselspiel Antworten geben. Sich Fragen zu stellen heißt, sein Bewusstsein zu erweitern und seine Intuition wachzuhalten. Es ist also Zeit, das wieder einmal zu tun: Seien Sie dankbar für diese Fragen und die Wege, auf denen sie zu Ihnen finden. Schätzen Sie, was Sie haben, und tanken Sie in den Momenten auf, in denen sich Erkenntniss einstellt – das ist Glück! Nutzen Sie diese starken Momente, um aus dem Zustand des Glücks die Qualität mitzunehmen und aus diesem Gefühl heraus die nächste Frage zu stellen. Fragen geben Kraft, sind Bewegung und bedeuten Leben. Sie fordern unsere Intuition heraus. Sie sind zuständig für die Qualität, die in diesem Prozess entsteht. Nutzen Sie Ihre Herzenergie, Ihre Liebe. Dadurch entsteht eine Lebensqualität, die viel lebenswerter ist, als wenn Sie aufgrund von Druck oder gar Wut handeln.

Beginnen Sie mit Ihrem Herzen zu sehen. Die Farben, die Ihre Gedanken dann annehmen, sind absolut einzigartig. Die innere Kraft, die Sie dadurch entwickeln, ist größer, stärker und attraktiver als alles, was Sie bisher kannten. Das ist Ihr Leben! Das sind Sie!

LEBEN SIE AUS VOLLEM HERZEN – JETZT

Für Ihre Zukunft wünsche ich Ihnen Unbekümmertheit, ganz viel Selbstverständlichkeit im Umgang mit anderen, doch in erster Linie Vertrauen. Lassen Sie Ihre Befindlichkeiten los und seien Sie nicht beleidigt, wenn jemand Sie nicht glücklich macht. Erkennen Sie Ihre Bedürfnisse als etwas Selbstverständliches und lassen Sie sich von Ihrem Bauch leiten, um den Weg zu finden, auf dem Sie sie befriedigen können. Seien Sie sich selbst ein Geschenk. Beschenken Sie andere. Sie müssen nichts mehr horten, denn die Geschenke liegen auf Ihrem Weg. Sie entscheiden, ob Sie sie annehmen.

Revolutionieren Sie Ihren Tag so, dass Ihr Leben neue Gestalt annimmt. Dazu gehört, dass Sie ausprobieren und leben, statt Konzepte auszuarbeiten, die perfekte Theorien enthalten, aber keine Veränderungen bringen. Probieren Sie neue Dinge aus. Sie können nur Erfahrungen sammeln! Trauen Sie sich, in Beziehungen zu leben und ein neues, lebendiges Miteinander zu schaffen, in dem Gleichwertigkeit, Tiefe, Intensität und Freiheit genauso viel Platz haben wie Herzkraft.

LINKS, DIE WEITERHELFEN:

www.campomolinari.de

Website des *campo molinari* von Paola Molinari – dem Platz für innere Stärke. Hier finden Sie Informationen zu Seminaren, Coachings und Ausbildungen und Begleitung in Veränderungsprozessen.

www.gerald-huether.de

Hier finden Sie weitere Informationen darüber, wie Sie Ihr Gehirn optimal nutzen.

www.heartmath.org

Alles über Herzintelligenz und deren Wirkung.

BÜCHER, DIE WEITERHELFEN:

Brizendine, Louann; Vogel, Sebastian: Das weibliche Gehirn: Warum Frauen anders sind als Männer. Hoffmann und Campe Verlag, Hamburg

Coelho, Paulo: Der Alchimist. Diogenes Verlag, Zürich

Engelbrecht, Sigrid: Lass dich nicht vereinnahmen: Die beste Strategie, sich von den Ansprüchen anderer zu befreien. Gräfe und Unzer Verlag, München

Engelbrecht, Sigrid: Lass los, was deinem Glück im Weg steht. Gräfe und Unzer, München

Hüther, Gerald: Die Macht der inneren Bilder. Wie Visionen das Gehirn, den Menschen und die Welt verändern. Sammlung Vandenhoeck, Göttingen

Matschnig, Monika: Mehr Mut zum Ich. Sei du selbst und lebe glücklich. Gräfe und Unzer, München

Noerretranders, Tor: Spüre die Welt. Die Wissenschaft des Bewusstseins. Rowohlt Taschenbuch Verlag, Reinbek

Pizzecco, Toni: Optimismustraining. Gräfe und Unzer Verlag, München

Redfield, James: Die Prophezeiungen von Celestine, Ullstein Verlag, Berlin

Rother, Robert; Rother Gabriele: Klopf-Akupressur. Schnelle Selbsthilfe mit EFT. Gräfe und Unzer, München

Storch, Maja: Die Sehnsucht der starken Frau nach dem starken Mann. Goldmann Verlag, München

IMPRESSUM

© 2010 GRÄFE UND UNZER VERLAG GmbH, München

Projektleitung: Luise Heine
Lektorat und Satz: wortundart, Janette Schroeder
Korrektorat: Ulrike Nikel
Bildredaktion: Luise Heine
Umschlaggestaltung und Layout: independent Medien-Design, Horst Moser, München
Herstellung: Claudia Labahn
Reproduktion: Wahl Media, München
Druck und Bindung: GGP Media GmbH, Pößneck

Bildnachweis:
Illustrationen: Alle Illustrationen in diesem Buch stammen von Nadine Schurr.
Syndication: www.jalag-syndication.de
ISBN 978-3-8338-1916-2

3. Auflage 2011

Die **GU-Homepage** finden Sie im Internet unter **www.gu.de**

Ein Unternehmen der
GANSKE VERLAGSGRUPPE

Unsere Garantie

Alle Informationen in diesem Ratgeber sind sorgfältig und gewissenhaft geprüft. Sollte dennoch einmal ein Fehler enthalten sein, schicken Sie uns das Buch mit dem entsprechenden Hinweis an unseren Leserservice zurück. Wir tauschen Ihnen den GU-Ratgeber gegen einen anderen zum gleichen oder ähnlichen Thema um.

Liebe Leserin und lieber Leser,

wir freuen uns, dass Sie sich für ein GU-Buch entschieden haben. Mit Ihrem Kauf setzen Sie auf die Qualität, Kompetenz und Aktualität unserer Ratgeber. Dafür sagen wir Danke! Wir wollen als führender Ratgeberverlag noch besser werden. Daher ist uns Ihre Meinung wichtig. Bitte senden Sie uns Ihre Anregungen, Ihre Kritik oder Ihr Lob zu unseren Büchern. Haben Sie Fragen oder benötigen Sie weiteren Rat zum Thema? Wir freuen uns auf Ihre Nachricht!

Wir sind für Sie da!

Montag–Donnerstag: 8.00–18.00 Uhr; Freitag: 8.00–16.00 Uhr
Tel.: 0180-5 00 50 54*   *(0,14 €/Min. aus
Fax: 0180-5 01 20 54*   dem dt. Festnetz/
E-Mail: Mobilfunkpreise maximal 0,42 €/Min.)
leserservice@graefe-und-unzer.de

P.S.: Wollen Sie noch mehr Aktuelles von GU wissen, dann abonnieren Sie doch unseren kostenlosen GU-Online-Newsletter und/oder unsere kostenlosen Kundenmagazine.

GRÄFE UND UNZER VERLAG
Leserservice
Postfach 86 03 13
81630 München